Nouvelle petite philosophie

Albert Jacquard
avec la collaboration d'Huguette Planès

Nouvelle petite philosophie

Stock

Préface

Huit années se sont écoulées depuis la parution de notre *Petite philosophie à l'usage des non-philosophes.* Huguette Planès et moi avions alors proposé au lecteur un cheminement en zigzag où la seule continuité était celle de l'alphabet, chaque lettre servant de prétexte à un mot, chaque mot de prétexte à une interrogation. Certes, un tel procédé semblable à un mouvement brownien ne risque guère de converger; il ne peut aboutir à l'exposé cohérent d'une vision globale. Mais ce n'était pas notre objectif. Nous désirions seulement inciter le lecteur à prolonger notre jeu de ping-pong entre les questions et les réponses.

Avec cette *Nouvelle petite philosophie*, nous récidivons en invitant le lecteur à quelques échanges supplémentaires. Le manuscrit achevé, nous constatons que, sans l'avoir prémédité, et influencés inconsciemment par l'évolution des lecteurs du premier livre, nous avons modifié le ton de notre dialogue et le choix des entrées. Pour l'essentiel, ces lecteurs étaient des lycéens, ils avaient l'âge du bac, ils étaient des ados. Ils sont maintenant des adultes et posent un regard différent sur le monde dans lequel ils pénètrent; leurs interrogations, leurs obsessions ont changé d'objet. Ainsi avons-nous introduit dans nos discussions, à côté d'objets traditionnels de la réflexion philosophique comme «totalitarisme», «rationnel-irrationnel», «violence», etc., des questions d'intérêt plus général, celles qui préoccupent non seulement les lycéens mais nous tous : par exemple «écologie», «bioéthique», «femme», «internet», «mondialisation» et d'autres encore.

Pour autant notre objectif est resté le même : redonner leur richesse à ces outils précieux que sont les mots. Notre société est loin de les respecter comme ils le méritent, ils sont usés par l'utilisation inconsidérée que nous en faisons. Mais ils n'en sont pas moins l'instrument indispensable de la construction de chaque personne, car ils permettent de donner sens à la rencontre des autres.

« Au commencement était le Verbe », dit l'évangéliste. Il faut prendre à la lettre cette affirmation : à l'origine, il y a le mystère de la parole. Mais cette parole n'a de portée que si elle est entourée de silence. Souvenons-nous de la rose du *Petit Prince* : sur son astéroïde elle était unique, il la trouvait belle, il l'aimait; arrivé sur la Terre, il est entré dans un jardin où poussaient mille roses, il n'a pu en admirer aucune. De même, la parole ne nous émeut que si elle est rare. Hélas, notre culture, peu à peu orientée, façonnée par les moyens techniques nouveaux, lui fait perdre son prestige; elle n'a plus le statut d'acte fondateur, elle est multipliée, mise en boîte, surgelée, et

8

risque de n'être plus qu'une prolifération cancéreuse de mots.

En approchant chaque mot avec respect, nous espérons avoir contribué à la lutte contre la marée envahissante du bruit.

Albert Jacquard

Remerciements

Je voudrais remercier très sincèrement Albert Jacquard d'avoir une nouvelle fois entretenu avec moi la conversation sur des sujets dits de société, que je préfère rebaptiser d'emblée sujets d'humanité.

Qu'est-ce que l'homme? Quelles sont ses faiblesses? Quel est son pouvoir? Quelle est sa responsabilité? Et surtout quel est son avenir?

L'accumulation des peurs favorise à la fois la montée de l'obscurantisme, du racisme et le repli sur soi; c'est pourquoi il nous semble nécessaire de mener une lutte incessante pour la liberté de penser, la démocratie et le partage. Les hommes ne doivent pas oublier qu'en tant qu'hommes ils ont des intérêts communs. C'est ce souci de l'universel que nous avons tenté de mettre au cœur de notre réflexion. Il faut redonner au peuple le sentiment d'une prise politique sur son destin. Nous souhaiterions, modestement, contribuer à la discussion publique. Cet ouvrage est une incitation à la pensée logique, libre et solidaire; il est porteur d'une culture de vie et de valeurs citoyennes et

11

morales, capables de permettre, aussi bien aux élèves de terminale qu'aux citoyens actifs ou aux militants associatifs, de construire leur autonomie intellectuelle.

Ce qui m'a frappée au cours de ces entretiens, c'est l'enthousiasme avec lequel Albert Jacquard nous invite, vous invite, à la raison, à la lucidité. Il y met tout son talent, toute son énergie, car il est convaincu que la lucidité précisément est la base même d'une vie sociale solidaire, seule garante de l'avenir de l'humanité.

Nous vous convions à participer à cette conversation, à pratiquer ces petites philosophies, qui, nous l'espérons, contribueront à inventer un demain meilleur.

Huguette Planès

Autonomie

« Être sage, c'est être roi en soi. »
Alain

L'autonomie est une notion capitale dans la vie de chacun d'entre nous. Elle semble bien être caractérisée par la maîtrise de soi, comme le suggère Alain.

Oui, l'autonomie, nous dit le dictionnaire, est la possibilité pour l'individu ou pour le groupe d'obéir à ses propres lois. Mais dès le départ une ambiguïté se présente.

En effet le mot « loi » désigne trois catégories de contraintes : d'une part les lois de la nature, qui sont supposées être restées immuables depuis les instants qui ont suivi le mythique événement fondateur désigné par le terme « big-bang », d'autre part les règles du vivre-ensemble adoptées par chaque société humaine, enfin les normes de comportement que nous nous imposons à nous-mêmes au nom de principes éthiques liés à la définition que nous nous proposons nous-mêmes. Les premières sont des données sur lesquelles nous n'avons pas de prise, elles s'imposent et nous ne pouvons que nous incliner, que « faire avec », quitte parfois à nous en arranger en les détournant.

13

Les deuxièmes sont le résultat de décisions humaines nécessairement arbitraires, donc révisables : c'est le consentement général qui leur donne puissance. Quant aux troisièmes, elles sont une affaire entre moi et moi; elles résultent d'une autoconstruction qui découle de la prise de conscience de mon existence et du désir de «donner un sens» à mon parcours.

On peut donner un sens à son existence tout en n'assumant pas certaines responsabilités, tout en ne respectant pas certaines lois. L'autonomie exige un effort particulier : si je respecte les limitations de vitesse, c'est parce que je comprends la nécessité d'une telle réglementation...

La limitation de vitesse illustre bien ces trois aspects des lois : en amont, il y a la loi de nature, selon laquelle l'énergie cinétique est proportionnelle au carré de la vitesse; c'est le fameux $E = 1/2 \ mv^2$ que connaissent les lycéens. Doubler la vitesse, c'est quadrupler l'énergie, d'où la nécessité de la limiter. Vient ensuite l'acceptation d'une règle imposée par le ministre de l'Intérieur, dont le bras armé est la gendarmerie. Enfin notre soumission à cette règle résulte de notre décision personnelle de mettre le respect de la vie des autres au-dessus de l'éventuel plaisir que nous procure la vitesse.

Finalement, il s'agit moins, pour être autonome, d'être maître de soi que de choisir, lorsque cela est possible, nos soumissions. Le problème, c'est que la spontanéité l'emporte souvent sur la réflexion. Et surtout que les hommes, au nom de la liberté, refusent de se soumettre à la loi.

L'éducation devrait nous aider à prendre conscience de nos soumissions, parfois bien camouflées par l'accoutumance, et qui, une fois décelées, ne sont pas à rejeter en bloc. L'important est de décider en toute lucidité quelles sont celles que l'on peut laisser se perpétuer sans perdre notre liberté et celles qu'il est préférable de rejeter. Il s'agit donc d'une décision face aux lois sociales (celles de la deuxième catégorie) prise en fonction de la loi intérieure (troisième catégorie).

En fait, les hommes confondent souvent l'indépendance et l'autonomie. Mais la vraie liberté, ce n'est pas l'indépendance, au sens de faire tout ce qui nous plaît.

La liberté n'est pas le caprice, elle est la possibilité de participer aux échanges qui aboutissent à un choix collectif de règles. C'est la capacité de se donner à soi-même la loi que nous dicte notre propre raison. Le refus de toute contrainte, de toute loi, c'est par conséquent l'impossibilité de vivre avec les autres.

En effet la liberté n'a de sens que dans un rapport aux autres. Seul sur une île déserte je ne suis ni libre ni contraint. Je suis dans une situation où la liberté n'a pas de définition. N'oublions pas que la liberté de parole, par exemple, s'obtient en acceptant les contraintes de la grammaire.

On pourrait dire que le fait de penser par soi-même – ou l'exercice autonome du jugement – est ce qui rend chacun d'entre nous responsable, donc «humain».

Le problème que vous posez est moins celui de la liberté que celui de la mise en place des quelques absolus qui sont le noyau dur de notre «personne». D'où vient ce noyau dur ? Il est certes en partie auto-généré, mais il incorpore nécessairement des éléments venus de toutes nos rencontres. D'où le rôle majeur joué par l'éducation. La responsabilité s'apprend, la liberté aussi.

Mais il est très difficile, vous le savez, de faire admettre aux enfants et aux adolescents la contrepartie du droit qu'est le devoir, et donc la contrainte. S'ils ne se soumettent pas aux règles par la raison, c'est-à-dire par le dialogue, par l'explication, doit-on les contraindre par la force ?

Nous voici au cœur du paradoxe. L'éducation, dont la finalité est d'aider un jeune à sortir de lui-même, à se regarder comme une personne à construire, devrait donc aussi lui apprendre à accepter un modèle tout fait, à se soumettre. Un minimum d'acceptation des règles est nécessaire, mais cette acceptation doit être l'aboutissement d'un raisonnement, non un abandon de ses objectifs personnels. L'usage de l'argument d'autorité, de la force, est l'aveu par l'éducateur, individu ou société, de son impuissance.

16

Cet apprentissage de l'autonomie est au cœur du système éducatif, dès l'école maternelle, et pourtant, globalement, on a le sentiment d'un échec. Les jeunes aujourd'hui semblent plus indépendants que les générations précédentes, mais en fait beaucoup moins autonomes.

Cet échec n'est pas celui de l'éducation mais de l'ensemble des règles adoptées par notre société. Prenant comme moteur la lutte de chacun contre les autres, la compétition, elle fait oublier que le matériau permettant à l'individu de devenir une personne est fait des échanges qu'il a avec les autres. Plus qu'un échec, il faut voir dans les difficultés actuelles le signe d'une erreur fondamentale de notre Occident. En proclamant que vivre une vie d'homme se résume à une lutte permanente, elle ne peut que créer le désespoir chez ceux, les adolescents, qui découvrent en quoi consiste l'issue du parcours. Comment surmonter l'angoisse de la mort lorsque l'environnement ne vous propose que l'étourdissement dans le flot des vanités ?

Comment pourrait-on, tout au contraire, développer chez les adolescents le sens de l'initiative, du choix propre ?

Comment ? Par la remise en cause des réflexes conditionnés de notre culture de la réussite, réussite mesurée par l'accumulation des insignifiances, des faux-semblants. Les réflexes nous détournent de la réflexion, difficile, jamais aboutie mais indispensable, sur ce qu'est une « vie humaine », expression où le mot important n'est pas « vie » mais « humaine ».

Vous parlez de « vie humaine », entretenue par les échanges avec les autres. Ces liens que je tisse avec les autres vont contribuer à faire de moi une personne, mais aussi un citoyen. Un individu autonome est un individu « éclairé », qui agit en connaissance de cause; de la même façon, un peuple autonome est un peuple qui agit en connaissance de cause. Or cette conscience politique semble elle aussi fragilisée depuis quelque temps...

Vous avez raison, on ne devient humain que dans une cité. Même si elle ne comporte que deux individus, le fait même qu'ils puissent créer un lien transforme leur réalité. Ce qu'il faut compter, ce ne sont pas les individus mais leurs liens possibles. Faisons un peu de maths. Pour n individus, le nombre de liens possibles est $n(n-1)/2$; par conséquent 0 pour $n = 1$. La solitude est le niveau zéro, le niveau de la stérilité.

Organiser ces liens c'est, par définition, la fonction de la politique. Les idées simplistes si répandues sur l'inutilité de la politique sont un vrai poison contre lequel l'école devrait lutter. C'est faire de la très mauvaise politique que d'accepter les attitudes qui justifient l'abstention (c'est pourquoi il faut donner une grande signification aux votes blancs).

Certaines différenciations sociales déterminent les comportements tout autant, si ce n'est plus, que l'éducation. Comment lutter? Faut-il lutter?

Je suggère de retourner l'expression du philosophe Ivan Illich qui prônait une « société sans école » et de promouvoir une société où tout est école. C'est-à-dire une société où toutes les manifestations de la société seraient regardées comme participant à la construction ou à la destruction des êtres humains. Le fonctionnement de telle structure, telle usine, telle organisation ne devrait pas être jugé d'après ses performances économiques ou financières, mais d'après sa contribution à cette construction – destruction. Lutter contre l'analphabétisme ou lutter contre la précarité, même combat.

On pourrait conclure en disant que la capacité de pensée ou l'autonomie, certes encouragée par l'école, connaît ensuite un déclin lié en particulier aux difficultés économiques : le peuple d'abord « émancipé » (du moins chez nous) devient « passif », comme si le désengagement était moins risqué que l'engagement. Mais, si j'ai bien compris, vous n'êtes pas pour autant défaitiste, bien au contraire.

Bien au contraire. L'émancipation, tout comme l'autonomie, sont des combats et il faut les mener.

Bioéthique

*« Quand l'habitude sera d'éliminer les monstres,
la moindre tare sera une monstruosité. »*
Jean Rostand

*La naissance de Dolly – cette agnelle clonée à partir
d'une cellule – a marqué les esprits, et pourtant...*

Et pourtant la naissance de la célèbre brebis est
dans la continuité des recherches réalisées pour maî-
triser la fécondation. Elle représente à peine un
exploit technique, d'ailleurs assez laborieux car il a
fallu faire de nombreuses tentatives aboutissant à un
échec avant d'obtenir enfin ce « coup au but ». Ce qui
fait de cette réussite un événement décisif est son
retentissement dans l'opinion.

Pourquoi un tel retentissement ?

L'idée centrale de la génétique, que l'on apprend
dans les livres de classe depuis quelques décennies,
n'est plus une théorie abstraite, elle est concrétisée
par un animal que l'on voit gambader, que l'on
entend bêler. Il est la preuve irréfutable que la totalité
des recettes de fabrication nécessaires pour réaliser
un être vivant est bien réunie dans le noyau de ses
cellules.

21

Que devient alors le mystère de la vie ?

Dans la naissance de Dolly il n'y a aucun mystère ; elle reproduit exactement les caractéristiques biologiques de son unique géniteur. Elle est l'aboutissement des mêmes processus qui avaient déjà été mis en œuvre pour la réalisation de ce géniteur après que celui-ci avait été conçu.

Il y a eu non pas procréation, mais reproduction, comme cela se passe pour les espèces qui n'ont pas encore adopté la répartition des individus en deux sexes ; comme cela se passait également chez nos propres lointains ancêtres, il y a plus d'un milliard d'années, lorsqu'ils n'avaient pas encore inventé de s'y mettre à deux pour en faire un troisième.

Finalement cette avancée technique est surtout un saut en arrière d'un milliard d'années !

On avance cependant. Le décryptage du génome humain est terminé. Tous les gènes ont été répertoriés : trente mille. Vous n'êtes pas un peu déçu ? Vous, Albert Jacquard, vous n'avez que quinze mille gènes de plus que la mouche du vinaigre !

La richesse biologique ne se mesure pas au nombre des gènes, aucun palmarès n'a ici de sens. Notre alphabet est riche de vingt-six lettres, celui des Arméniens de trente-huit, celui des Géorgiens de quarante ; doit-on en déduire une hiérarchie des œuvres littéraires qu'ils permettent d'écrire ? Ce qui importe c'est moins le nombre de lettres disponibles que la richesse des associations formant des mots, puis des associations pour former des phrases.

Revenons à la génétique...

Il en est de même pour les gènes : ils n'agissent pas seuls, mais en interaction entre eux et avec les apports du milieu. Nos réflexions à propos de leur fonctionnement doivent constamment tenir compte de cette évidence : le monde réel qui nous entoure, et dont nous faisons partie, n'est pas un ensemble d'objets mais un ensemble de liens. Le but de la science est de comprendre ces liens, non de décrire des objets en eux-mêmes. Cela est surtout mis en évidence par les physiciens étudiant les particules élémentaires. Mais cette attitude doit être adoptée dans toutes les disciplines.

Je reviens un instant à Dolly tout de même. Ce qui marche pour l'animal fonctionne probablement pour l'homme. Le clonage, vous le savez, fait « rêver ». Comment ne pas songer que les riches, les puissants pourraient un jour s'autocloner, fonder des empires, transmettre à l'infini leur patrimoine à des versions génétiquement identiques d'eux-mêmes et accéder, enfin, à l'immortalité ? C'est du délire ?

Cela me fait sourire. De fait nous sommes des primates, des mammifères très semblables aux autres; l'opération qui a été possible avec une agnelle doit donc être réalisable avec un humain. Cela revient à donner à un individu un vrai jumeau. C'est ce que fait spontanément la nature dans environ un cas sur trois cents.

Ce n'est pas tout à fait la même chose...

Certes, le jumeau cloné sera plus jeune que l'«original», il aura une espérance de vie allant au-delà de la mort de celui-ci; il pourra, à son tour, se prêter à la même duplication, et l'on peut ainsi imaginer une ribambelle d'individus traversant les siècles à venir en restant identiques (à part quelques mutations accidentelles) à leur modèle initial. Mais celui-ci ne serait pas pour autant éternel. Il faut, face au clonage, éliminer le fantasme de l'éternité. Il ne sera pas éternel car son patrimoine génétique aura certes échappé (aux mutations près) à l'usure du temps, mais sa «personne» aura disparu dans une mort que le clonage n'aura pas fait reculer d'une seconde. Il est très important de distinguer l'individu de la personne.

Toutes les réflexions à propos du clonage doivent en effet tenir compte de la double réalité présente en chaque humain : l'individu, ensemble d'organes, de cellules, de molécules, construit à partir d'un patrimoine génétique, et la personne, modelée par toutes les aventures de son histoire et notamment par les rencontres qu'elle a faites. Nous redoutons la mort de l'individu que nous sommes uniquement parce qu'elle entraîne celle de notre personne. Chaque jour, certaines de nos cellules meurent sans que cela nous attriste. La disparition de la personne est d'un tout autre ordre. C'est à son propos que les religions évoquent l'éternité. Ce serait donc en pure perte que les riches et les puissants s'autocloneraient!

La science-fiction envisage parfois d'autres usages, au sein des armées, par exemple.

Ce projet de science-fiction, à savoir des armées triomphant grâce à l'homogénéité de leurs soldats tous copies d'un même clone, paraît bien inutile. Il suffit de constater avec quelle efficacité les armées sont souvent capables de rendre rigoureusement semblables des hommes génétiquement différents en les faisant marcher au pas. Une musique militaire fait aussi bien l'affaire qu'un exploit de biologie lorsque l'on cherche, en les décervelant, à uniformiser les individus.

Toutes les spéculations futuristes ne sont pas pour autant scandaleuses. La thérapie cellulaire, par exemple, ouvre des perspectives extraordinaires.

Un acte est scandaleux non par sa nature mais par sa finalité. Lorsque les chirurgiens amputaient autrefois les soldats sur le champ de bataille, ils les faisaient sans doute souffrir autant que les inquisiteurs torturant un hérétique. Mais l'objectif était de leur sauver la vie, non de leur faire avouer un crime imaginaire.

Les gestes accomplis dans un laboratoire ne sont pas plus scandaleux en eux-mêmes selon qu'il s'agit d'un labo de biologie ou d'un labo de chimie. Il n'y a d'ailleurs plus véritablement de différence entre la biologie et la chimie.

Depuis que nous avons compris le rôle de l'ADN, nous avons ramené les processus de la «vie» à des mécanismes chimiques.

Ce constat amène à considérer les être vivants, ou des parties d'eux, comme des choses parmi d'autres...

Cette classification doit être regardée en face, elle nous oblige à poser de façon nouvelle les problèmes éthiques. Si la thérapie cellulaire permet de corriger la nature lorsqu'elle abîme des humains, pourquoi hésiter à y recourir ? Face à un vieillard détruit par la maladie d'Alzheimer, à un enfant condamné par la maladie de Tay-Sachs, le devoir est de tout faire pour refuser les malfaçons naturelles. En chosifiant les êtres vivants, nous devenons responsables de leur destin dans la mesure où nous nous donnons les moyens de le réorienter. Ce serait fuir cette responsabilité que de s'abriter derrière des concepts d'autrefois valables à l'époque où la vie était un mystère.

Vous savez bien que certains généticiens, comme Axel Kahn, déclarent que le clonage thérapeutique ne se justifie pas.

La position de ces biologistes est liée à une réalité circonstancielle : de nombreux embryons sont congelés et en attente d'une décision à leur sujet. Ils ont été produits au cours de manipulations nécessitées par des tentatives de procréation médicalement assistée; ils n'ont plus d'utilité et sont considérés comme « surnuméraires ». Plutôt que de les détruire, il semble raisonnable de les considérer comme du matériel d'étude. Puisqu'ils sont disponibles, il est inutile d'en produire d'autres pour les recherches envisagées. Mais ce stock sera un jour épuisé et le problème se posera nécessairement de produire de tels embryons non plus avec une finalité de procréation mais avec un objectif de recherche.

D'aucuns s'indignent : l'embryon n'est pas une « chose », il est « sacré » !

Je ne vois pas d'opposition entre le fait de regarder un objet comme une chose et le fait de le considérer comme sacré. Le Dôme du Rocher sur l'esplanade du Temple à Jérusalem est sacré non seulement pour les musulmans qui y ont construit une mosquée, mais tout autant pour les Juifs, pour les chrétiens ou même pour les mécréants qui ne peuvent être insensibles à l'importance de ce lieu dans l'esprit de tant de leurs contemporains. Pourtant, il ne s'agit que d'une « chose ». C'est l'homme qui décide du caractère sacré d'un objet.

De même qu'un acte ne peut être jugé que par sa finalité, un objet ne peut être considéré comme sacré qu'en fonction du regard porté sur lui par la communauté humaine. La nature n'a pas plus d'intentions en produisant une bactérie ou un humain qu'en faisant jaillir un volcan ou en déclenchant un ouragan. Rien de ce qu'elle produit n'est initialement sacré.

C'est l'attitude des hommes qui apporte à certains de ces objets un caractère sacré. Ce ne peut être que le résultat d'une attitude générée par une culture. Notre culture nous a appris à considérer un ovule ou un spermatozoïde comme un objet non respectable, un fœtus prêt à naître comme sacré. Pourtant, de l'un à l'autre, la continuité est rigoureuse.

Face à un embryon humain, quelle peut être alors la réponse?

La réponse ne peut être qu'arbitraire.

Qui doit la proposer?

Certainement pas un «savant» ou un ministre. Nous n'échapperons pas à la nécessité d'une démocratie de l'éthique.

Le tri des gènes, leur sélection – dans certaines conditions – pourraient être un progrès de la raison humaine. Nous avons dit que l'homme se définit par sa capacité de choix. Il pourrait s'avérer intéressant de ne plus subir la loterie génétique, c'est-à-dire le hasard au premier sens du terme...

Le remplacement, il y a sans doute près d'un milliard d'années, de la reproduction par la procréation a constitué un saut décisif dans le cheminement vers toujours plus de complexité. Le rythme de l'évolution en a été accéléré. Le cœur du nouveau dispositif est en effet le tirage au sort de la partie des informations génétiques des géniteurs transmise à l'individu procréé. Le nombre des combinaisons possibles est si fabuleusement élevé que le résultat obtenu est imprévisible; ce procédé produit en routine du neuf, de l'inattendu.

Le tri des gènes, leur sélection, ne pourront réduire que très marginalement cette capacité de novation. L'élimination de tel gène responsable d'une maladie grave ne portera pas atteinte à l'essentiel. Je ne vois pas de raison de s'opposer à des techniques qui élimineraient des gènes nocifs. Nous avons pris la liberté d'enfermer dans quelques tubes les virus de la variole qui tuaient chaque année des millions d'humains. Ils ont été rendus inoffensifs. Pourquoi ne rendrions-nous pas inoffensives quelques séquences d'ADN qui rendent insupportables certains destins humains ?

On peut craindre les dérives, bien sûr, la moindre tare, comme le disait Jean Rostand, pouvant être jugée comme une monstruosité. L'opinion publique, vous le savez, souvent mal informée et séduite par certains progrès, pourrait vouloir toujours plus.

L'opinion publique est actuellement mal préparée à la mise en place de la démocratie de l'éthique qui va être de plus en plus nécessaire. L'emprise des médias provoque un alignement sur quelques idées simplistes qui ramènent les nuances de la réflexion à l'uniformité des slogans. Le concept central contre lequel il faut s'élever est celui d'une « norme » humaine. Les biométriciens peuvent même démontrer que l'homme « moyen » ne peut pas être défini (en effet, l'individu ayant les dimensions moyennes ne pourrait pas en avoir le volume, donc le poids moyen).

Peut-on tout de même dire d'un gène qu'il est « mauvais » ?

Un gène n'est pas « mauvais » en lui-même mais en fonction du contexte apporté par l'ensemble du génome et par l'environnement matériel et humain. Il est légitime de lutter contre ses effets, ou même d'empêcher sa transmission, sans pour autant le considérer comme une « tare ».

29

L'enjeu des biotechnologies n'est-il pas avant tout, hélas, un enjeu économique, échappant alors à tout contrôle démocratique ?

L'introduction du raisonnement économique dans les problèmes posés par les nouvelles techniques biologiques ne peut, c'est évident, que pervertir les réflexions. Dans l'organisation actuelle de la recherche, les coûts de celle-ci sont, hélas, en grande partie supportés par des entreprises privées et donc orientés par elles.

Leur seul objectif est de gagner de l'argent.

Bien sûr, elles se répandent en déclarations admirables montrant leur compassion pour les détresses humaines, mais leur obsession permanente, imposée par la structure de notre société, est d'être rentables. Si elles ne l'étaient pas, les mécanismes boursiers les feraient disparaître et les recherches qu'elles financent n'auraient plus lieu.

Ces recherches sont-elles utiles cependant ?

Oui, mais le résultat de cette répartition des rôles est que les recherches sont orientées vers les domaines où les perspectives de profit sont les plus prometteuses au détriment des domaines où la clientèle potentielle est démunie.

On le voit en Afrique avec le sida...

L'abandon des populations africaines sans défense devant l'épidémie de sida est l'illustration de ce mécanisme pervers. Certes, on peut attendre une attitude plus humaine des grandes sociétés pharmaceutiques, mais sans trop d'illusions, car cette attitude serait contraire à leur nature même. Elles l'ont prouvé en intentant un procès au gouvernement d'Afrique du Sud coupable de vouloir soigner sans payer certains brevets. La seule solution d'avenir est donc la prise en charge de l'activité de recherche par des organismes publics, conscients d'avoir d'autres objectifs que la rentabilité.

Revenons quelques instants au problème de la sélection. Dans la loi dite de bioéthique de juillet 1994 – révisée en mars 2001 –, il est écrit : « Nul ne peut porter atteinte à l'intégrité de l'espèce humaine. Toute pratique eugénique tendant à l'organisation de la sélection des personnes est interdite. » Or, on le sait bien, certaines équipes médicales « conseillent fortement » l'avortement thérapeutique à des couples qui attendent par exemple un enfant trisomique. Le gène de la trisomie est-il un « mauvais » gène ?

À vrai dire, je ne comprends pas cette phrase de la loi de bioéthique. Elle repose sur une confusion entre l'espèce et les individus qui la constituent. Les interventions sur la transmission du patrimoine génétique ne peuvent concerner que ces derniers. La collection globale des gènes possédés par l'ensemble de l'espèce est si considérable qu'elle n'est pas à la merci de telles interventions.

Si je comprends bien, l'intervention est possible sur un individu particulier : c'est, dans le cas de la trisomie, un choix parental. Mais cela ne peut être en aucun cas un choix de société. De toute façon, comme vous aimez à le dire, il n'existe aucun génome « parfait ».

31

Vous-même (pardon!) n'êtes pas parfait. Ni vous, ni Einstein, ni Mozart. Il n'existe même pas des individus qu'on pourrait dire « normaux ».

La qualité première d'une collectivité est d'être composée d'individus différents; sa richesse vient de sa diversité. Il est donc contraire à la logique élémentaire de définir une norme et de juger les individus selon leur ressemblance à cette norme. Il n'y a pas de génome parfait, non parce que cette perfection serait inatteignable, mais parce qu'elle n'est pas définissable.

Le 29 août 2000, Adam, un petit garçon, est né d'un embryon sélectionné parmi une dizaine d'autres, choisi parce qu'il était le meilleur donneur et libre de toute mutation génétique. La raison de sa naissance : la greffe de cellules-souches parfaitement compatibles afin de sauver sa sœur âgée de six ans, Molly.

Ce qui est gênant dans cette manipulation rigoureusement maîtrisée tout au long de son déroulement est sa finalité : l'enfant Adam n'a pas été procréé pour lui-même mais avec le seul désir de sauver sa sœur. Lorsqu'il l'apprendra, il deviendra sans doute un gibier pour psy. Mais ce psy pourra lui faire remarquer que la quasi-totalité des enfants ont été procréés par le jeu du désir sexuel de leurs parents, et non par le désir de leur donner naissance. En fait, la motivation concernant la sœur ne change guère le sort commun : à sa conception, un enfant n'a pas de destin.

C'est tout de même l'une des grandes questions : naître ou ne pas naître. Certains adolescents perturbés ressentent un vrai malaise à l'idée qu'ils auraient pu ne pas naître, qu'ils sont là par « accident ».

Ces adolescents pourraient tout aussi bien penser que, nés quelques siècles plus tôt, ils auraient été éliminés par la mortalité infantile. Ce n'est donc qu'une reconstitution du passé sans signification.

En fin de compte, qu'il ait été désiré ou pas, qu'est-ce qu'on transmet à un enfant ?

À chacun de mes enfants je n'ai transmis que la moitié de ma dotation génétique, et je n'ai eu aucune prise sur le choix de cette moitié. Pas de quoi être fier. En revanche j'ai été, avec leur mère, en première ligne dans la cohorte des humains qui leur ont apporté ce qu'il fallait pour qu'ils deviennent « quelqu'un ».

La réflexion sur la transmission entre géniteur et engendré est faussée par la représentation classique sous forme d'une flèche reliant le premier au second. Cette flèche donne l'impression d'une voie unique alors qu'en réalité de multiples chemins les relient.

Cette transmission concerne des objets de diverses natures. Celui dont la définition est la plus aisée est l'information génétique fournie au nouvel être au moment de sa conception. Cette information spécifie tous les processus qui permettent la réalisation de son organisme. On peut parler de « loterie ». Le géniteur ne transmet que la moitié de ce qu'il avait reçu et cette moitié est choisie par une série de hasards.

L'intervention d'un mécanisme aléatoire entraîne un nombre pratiquement illimité de résultats possibles.

La connaissance du géniteur n'apporte finalement qu'une information très partielle sur celui qu'il engendre.

Très partielle car, à partir de la conception, la réalisation de l'aventure qui aboutira à un membre de l'humanité nécessite des apports de toutes natures : nourriture et énergie pour que se déroulent les métabolismes, mais aussi rencontres pour que se constitue une personne. Ce sont ces rencontres qui sont le matériau de la conscience d'être.

Le géniteur est au premier rang pour y participer, mais il peut ne pas en profiter. Ceux à qui nous devons d'être celui ou celle que nous sommes ne sont pas nécessairement ceux qui ont fourni l'ovule et le spermatozoïde initial.

Voulez-vous dire que l'homme n'est pas un objet ?

Mais si, au risque de vous choquer, l'homme est un objet et l'a toujours été. Parce qu'il est fait des mêmes constituants que tout ce qu'a sécrété le cosmos.

Ce qui est nouveau, c'est que nous commençons à comprendre comment cet objet fonctionne et pouvons par conséquent agir sur lui. Le problème n'est pas d'accepter ou non ce pouvoir, il est de l'exercer pour le bien des hommes. C'est pourquoi l'éthique est le contrepoids indispensable de la technique.

L'humanité perdrait son âme si elle se contentait d'agir avec le seul objectif de l'exploit technique. Elle la retrouve précisément lorsqu'elle s'interroge et décide de ne pas utiliser certains pouvoirs qu'elle s'est donnés.

Qui va en décider ?

Autrefois, la réponse était livrée par des textes considérés comme sacrés car inspirés par Dieu. Aujourd'hui, il nous faut décider nous-mêmes, ce qui nécessite la mise en place d'une nouvelle forme de démocratie, la démocratie de l'éthique.

Nous ne pouvons pas clore ce chapitre sans évoquer le problème des plantes transgéniques qui inquiète bon nombre de nos contemporains. On parle soit d'une révolution agroalimentaire, qui pourrait assurer enfin la survie de l'humanité tout entière, soit d'une menace pour l'environnement et pour la santé. Comment s'y retrouver ?

Les plantes transgéniques proposées par quelques firmes transnationales représentent une avancée technique certaine. Elles permettent des rendements qui pourraient (?) contribuer à lutter contre la faim. Simultanément, elles présentent des dangers encore mal définis mais qui pourraient se révéler aussi graves que ceux provoqués par les manipulations exercées au cours des dernières années sur les bovins.

Comment trancher ?

Dans l'immédiat, on peut remarquer que si des enfants meurent de faim, ce n'est pas en raison d'un manque global de nourriture mais d'une mauvaise répartition de celle-ci.

Le problème est politique et non pas technique.

L'insistance des firmes produisant des plantes transgéniques n'est pas motivée par un besoin réel de nourriture mais par le désir d'améliorer leurs bénéfices. Elles ont dévoilé leur véritable objectif en proposant le projet «Terminator» : des plantes au rendement spectaculaire mais produisant des graines stériles, ce qui soumettrait les cultivateurs, pieds et poings liés, aux décisions de ces firmes.

L'humanité avance à l'aveuglette lorsque sa seule boussole est la loi du marché.

Vous évoquiez il y a un instant la «vache folle».

L'affaire de la «vache folle» est la parfaite illustration de la myopie congénitale d'une société menée par des entreprises dont l'objectif avoué est le profit immédiat.

Le moins que l'on puisse dire, c'est que l'on n'a pas pris assez de garanties ou de précautions. Un dernier mot, justement, sur ce qu'on appelle «le principe de précaution» : s'agit-il selon vous d'une simple prudence encore mal définie ou d'une authentique prise de conscience?

Le principe de précaution est simplement l'introduction d'une réflexion sur le long terme dans une logique qui se contente trop facilement du court terme. Par construction, les entreprises privées ne peuvent réagir qu'en fonction d'un avenir très proche; il est donc nécessaire qu'un pouvoir fort impose des mesures préservant l'avenir lointain.

Il n'est sans doute pas trop tard pour reprendre la maîtrise des biotechnologies, de même que la maîtrise des rejets dans l'atmosphère responsables de l'effet de serre. Mais cela suppose un refus des slogans stupides préconisant la «déréglementation», à la façon de Reagan ou Thatcher.

Il y a urgence.

Il y a urgence !

Citoyenneté

*« La philosophie empêche la bêtise
d'être aussi grande qu'elle le serait
s'il n'y avait pas la philosophie. »*
Gilles Deleuze

Nous l'évoquions dans le premier chapitre, « Autonomie », le respect des règles et des interdits se perd, les incivilités quotidiennes ne cessent d'augmenter. On dit que soixante pour cent des collèges et des lycées sont concernés par la violence physique et verbale. Face à ce constat accablant, on nous sert à toutes les sauces la citoyenneté.

Si la référence à la citoyenneté n'est qu'un « truc » pour obtenir des jeunes, ou imposer aux jeunes, qu'ils ne perturbent pas trop la société, il est clair qu'il ne faut pas y croire. C'est une citoyenneté purement formelle, médiatique, qui n'a aucun intérêt.

Tout être humain, comme tout individu d'une espèce quelconque, fait partie d'un ensemble. Seules les espèces capables de reproduction permettent à leurs membres de développer une aventure éventuellement isolée, autonome. Une bactérie n'a besoin de personne pour accomplir l'acte le plus porteur d'avenir dont elle soit capable : se dédoubler, produire un double d'elle-même. Il faut prendre la mesure de ce bouleversement : l'invention de la procréation a tout changé.

Apparue au cours de l'évolution des êtres vivants, il y a sans doute près d'un milliard d'années, elle a mis fin à cette orgueilleuse autonomie. Pour les êtres sexués, il est impossible de se reproduire ! L'acte essentiel qui permet de déjouer le temps n'est plus accessible ; force est de solliciter la collaboration d'un autre. L'individu, s'il reste isolé, n'est plus qu'un handicapé face au pouvoir destructeur du temps. Seul le couple peut s'opposer efficacement à ce pouvoir.

Il s'agit de durer. Or le sujet du verbe « durer » n'est plus le « je » de l'être individualisé, il est le « nous » du couple procréateur. Cette progression vers des pouvoirs toujours nouveaux est obtenue chaque fois que les éléments en présence s'associent pour participer à une structure globale qui les rassemble et qui, par l'effet des liens ainsi créés, les transforme.

Nous arrivons ensuite à la « cité ».

La « cité » est en effet l'une des étapes de cette insertion progressive dans un ensemble, de cet emboîtement de groupes de plus en plus larges : associations, partis, nations. Être « citoyen », c'est avoir conscience de cette appartenance.

Cette citoyenneté-là n'est ni inconsistante ni abstraite.

Elle est bien au contraire le constat d'une évidence : chaque fois que je dis « je », il me faut être conscient du ou plutôt des «nous» que j'exprime. Ils peuvent être très nombreux. Leur nature hétéroclite se manifeste notamment par les listes où mon nom figure, de l'annuaire des anciens élèves de ceci à la liste des membres actifs de cela, de l'indication de ma naissance sur le registre municipal d'état civil à mon inscription sur les listes électorales. Chacune de ces listes manifeste une forme de citoyenneté. Être présent dans l'annuaire du téléphone, c'est déjà jouer le jeu de la citoyenneté.

Certes, mais entre un centre-ville aisé et une banlieue difficile, aucune commune mesure.

La réalité sociale que vous évoquez peut justement être décrite à partir de ces ensembles emboîtés à l'intérieur desquels chacun reconnaît son appartenance et dont les limites définissent la structure de la société. Devenir un membre de l'espèce, c'est élargir peu à peu ces ensembles, sortir du premier cercle qu'est le duo mère-enfant, accéder à la famille, aux camarades, au village, à la nation. À chaque stade se manifeste une forme de citoyenneté avec ce qu'elle implique de devoirs.

Oui, mais tout cela reste abstrait. Il y a tout de même, et vous le savez, une crise de l'école. On pourrait presque parler d'apartheid scolaire : des filières différentes, des résultats différents, bref, des écoles de riches et des écoles de pauvres!

On évoque souvent, dans les discours officiels, l'«école de la République». Il est vrai qu'elle a joué un rôle décisif dans la réalisation de notre nation. Mais il est désormais nécessaire d'en faire une «école de l'humanité». C'est à partir de cet objectif que l'on peut définir les caractéristiques souhaitables des écoles insérées dans les ensembles plus limités que sont les États, les villes, les quartiers. Nous en sommes loin!

Et en particulier en France, en effet, où il semble que l'on ait oublié que l'école est le lieu où l'on apprend à rencontrer l'autre, à s'enrichir de sa différence et non à la redouter ou à en faire une source de hiérarchie.

Vous évoquiez l'école de l'humanité. Bertrand Russell parlait, lui, de citoyens du monde. C'est la même idée?

Oui. Ce qui est nouveau, c'est la prise de conscience, encore balbutiante, de la citoyenneté mondiale. Nous sommes tous, nous, les six milliards d'humains, parties prenantes dans l'orientation de l'aventure collective. C'est en fonction des contraintes globales mises en évidence à ce niveau que nous devons accepter ou refuser les décisions concernant des ensembles plus restreints comme la patrie.

Il faut ici répéter la célèbre phrase de Voltaire : «Si je savais quelque chose qui fût utile à l'Europe et préjudiciable au genre humain, je la regarderais comme un crime.»

Une phrase d'actualité! C'est tout le problème de la construction d'une Europe sociale.

Cette prise en compte à chaque niveau des impératifs du niveau supérieur n'est guère passée dans les esprits. C'est à l'école d'y contribuer.

Certes, mais la pédagogie seule ne suffit pas. Ce ne sont pas quelques misérables cours d'instruction civique qui vont aider à cette prise de conscience. Ils servent souvent d'alibi à l'impuissance.

Ce qui est important, c'est l'enseignement de la raison. La citoyenneté peut être définie comme la participation au choix des contraintes collectives qui génèrent la liberté individuelle. Cette participation engendre nécessairement des affrontements, des désaccords, qu'il faut considérer comme des moteurs et non comme des obstacles. Il ne s'agit pas de s'endormir dans la satisfaction d'un consensus sans aspérités, mais de mettre au contraire en évidence les conflits et d'en faire l'occasion d'une joute où la règle du jeu est l'honnêteté intellectuelle. C'est ce que certains philosophes appellent l'éthique de la discussion. La citoyenneté est alors comprise comme insertion dans un réseau au sein duquel les rapports sont soumis à certaines règles. La liberté ne prend du sens que si des choix sont à faire à plusieurs et que chacun peut y participer.

L'honnêteté intellectuelle que vous évoquiez ne peut être respectée si est accepté le recours à l'argument d'autorité, notamment celui des religions, qui se réfèrent à une révélation.

43

J'admets volontiers que ceux à qui cette révélation a été transmise sont de parfaite bonne foi. Que Moïse ait entendu Dieu, que Mohammed ait entendu Allah, sont des affirmations qui les concernent mais que je ne suis pas contraint d'accepter.

Je ne mets pas en cause leur volonté d'être fidèles à la vérité.

Mais l'attitude du scientifique est par principe de mettre en doute toute affirmation et de vérifier les conséquences des modèles qu'il propose; dans le cas de la révélation, toute vérification est par nature impossible.

Il est donc essentiel que l'enseignement soit laïque?

Oui, c'est-à-dire qu'il ne fasse découler ce qu'il présente comme vrai d'aucune affirmation apportée par une religion révélée. Cette laïcité pose évidemment le problème de la source ultime des choix éthiques. Avec Moïse, ce problème ne se posait pas : «Tu ne tueras point», car Dieu l'ordonne. Si cette raison est refusée, faut-il en déduire que tuer est un droit?

Nous consacrerons tout un chapitre, plus loin, à cette question de la laïcité.

Je voulais simplement dire que si la source de l'interdit n'est plus divine, elle ne peut être qu'humaine. Il peut certes être imposé par un «chef» ou un collège de «chefs»; il peut paraître plus satisfaisant de faire de cet interdit, nécessairement arbitraire, une décision de l'ensemble du peuple. Ainsi se dessinera une nouvelle forme de démocratie, la démocratie de l'éthique qui, pour éviter les conflits provoqués par des choix différents, ne peut être que planétaire.

Cette mondialisation ne doit pas pour autant aboutir à l'uniformité.

En aucun cas. Toute culture s'exprime par l'organisation des rapports entre citoyens. Si l'on estime nécessaire de préserver la diversité des sociétés humaines, il faut parvenir à concilier des exigences contradictoires : le respect de la différence et la recherche d'un essentiel commun.

Quel écartèlement !

Cet écartèlement entre deux nécessités était resté théorique tant que les hommes étaient éparpillés sur une Terre qu'ils pouvaient considérer comme immense. Les interactions entre eux étaient, jusqu'il y a peu, limitées aux contacts établis par les marchands ou par les explorateurs. Mais les avancées techniques du XXᵉ siècle ont modifié la donne.

Elles ont, dans le domaine des transports par exemple, divisé par cent ou par mille les dimensions de la planète mesurées en temps de parcours; dans le domaine de l'information, elles ont réduit ces dimensions à zéro. Les problèmes posés par la coexistence d'hommes de plus en plus proches se posent donc dans des termes inédits.

Au XVIIIᵉ siècle, les Lumières avaient déjà ressenti la nécessité d'un noyau auquel adhéreraient toutes les cultures.

La Déclaration des droits de l'homme exprimait en effet une utopie des plus audacieuses. Elle prétendait transcender les croyances proposées par les religions, quels qu'en soient les dieux, transcender les cultures acceptées par les peuples et prolongées de génération en génération, si lointaines qu'en soient les origines, et transcender les lois adoptées par les États, quelles qu'en soient les constitutions. Elle fondait en quelque sorte la citoyenneté humaine, comme cadre inamovible des citoyennetés subalternes définies par référence à des ensembles plus restreints.

Deux siècles plus tard, quel bilan pourrait-on faire de cette Déclaration ?

Les règles qu'elle définissait sont bien souvent bafouées, parfois même avec la complicité hypocrite de l'ensemble des puissants. La récente décision du Comité international olympique d'attribuer les Jeux de 2008 à la Chine en est un exemple aveuglant. Mais elle a du moins le pouvoir de donner mauvaise conscience.

Il est clair que, malgré les faux pas, des progrès sont obtenus. Même la décision du Comité international olympique, si scandaleuse qu'elle soit dans l'immédiat, peut, à la longue, se révéler utile en contraignant les dirigeants à mieux mesurer le retard de leur pays dans le domaine des droits de l'homme. Si j'avais fait partie de ce Comité, peut-être aurais-je été convaincu par cet argument et voté pour Pékin.

Le problème, c'est qu'il ne suffit pas de «procla-mer» les droits de l'homme et du citoyen, il faut leur donner un contenu concret, effectif.

Oui, d'autant plus que, dans la réalité planétaire d'aujourd'hui, un noyau commun à presque toutes les cultures est de fait accepté. Mais ce n'est pas, hélas, la Déclaration universelle des droits de l'homme et du citoyen, issue de la pensée des Lumières, c'est la soumission à la loi du marché! Le seul objectif est de l'emporter sur l'autre dans une jungle sans pitié.

Les économistes occidentaux sont parvenus à faire croire à toute la planète que la seule régulation effi-cace des rapports entre les individus et entre les col-lectivités nécessitait un affrontement entre les égoïsmes de ceux qui produisent des biens et de ceux les consomment. Ils ont réduit les rapports entre per-sonnes à une compétition permanente. Des attitudes comme la générosité ou le partage sont considérées comme finalement néfastes. En fait, le citoyen a dis-paru. Il n'est plus qu'un rouage du mécanisme pro-duction-consommation.

C'est pourquoi il semble urgent que l'école renoue avec le message de la philosophie des Lumières et prenne des dispositions afin que «le rationnel l'em-porte sur l'irrationnel», selon la formule de Paul Ricœur.

La réaction nécessaire ne peut en effet être tentée que par l'école, si l'on veut que le XXIe siècle ne soit pas celui de l'enlisement dans cette barbarie. La citoyenneté s'apprend. Apprendre la citoyenneté, c'est prendre conscience du besoin de l'autre pour devenir soi.

J'aime beaucoup l'expression du philosophe américain John Rawls : « le désaccord raisonnable ». Il faut apprendre aux élèves à accepter cette diversité humaine dont vous parliez plus haut, c'est-à-dire à confronter les arguments, à débattre. C'est ce que certains appellent une laïcité de confrontation.

Oui, l'école est le lieu privilégié de cette prise de conscience, car on y rencontre non seulement des camarades et des enseignants, mais aussi tous ceux qui, depuis des siècles, se sont exprimés, aussi bien les mathématiciens que les philosophes.

Le débat, la discussion, l'échange critique contribuent à ce que l'on appelle en philosophie « l'exercice autonome du jugement ». J'aimerais souligner ici le rôle de l'enseignement de la philosophie, qui a précisément pour objectif de former des esprits libres et réfléchis capables de résister aux diverses formes de propagande, d'exclusion et d'intolérance...

Oui, cet enseignement est essentiel, bien sûr. Mais même l'enseignement des mathématiques a pour finalité la citoyenneté : les mathématiques peuvent être définies comme le prototype du sujet de conversation, celui qui permet le libre jeu de l'intelligence, car les désaccords y sont raisonnables.

Vous pensez donc que, si l'école joue son rôle, les jeunes d'aujourd'hui peuvent accéder à la citoyenneté ?

Le constat sur la jeunesse n'est pas nouveau. La « jeunesse actuelle » a toujours été lamentable comparée à celle d'autrefois, celle de la génération des adultes qui énumèrent toutes les vertus dont ils faisaient preuve dans le bon vieux temps ! Méfions-nous des perspectives faussées par les souvenirs. Voici pour preuve une citation : « La jeunesse est pourrie jusqu'au fond du cœur. Les jeunes gens sont malfaisants et paresseux. Ils ne seront jamais comme les jeunes d'autrefois. »

Ce n'est pas une phrase récente ?

Cette phrase est inscrite sur une poterie babylonienne datant de trois mille ans avant Jésus-Christ !

Il y en a d'autres ?

« Notre monde a atteint un stade critique. La fin du monde ne peut plus être loin. »

De quand date-t-elle ?

Elle a été écrite par un prêtre égyptien deux mille ans avant Jésus-Christ.

Il y a aussi la célèbre phrase de Platon...

Oui. « Les jeunes méprisent les lois et ne reconnaissent plus l'autorité de rien ni de personne ; c'est le début de la tyrannie. »

Il ne sert à rien de se lamenter sur la dégradation des mœurs. Il est en revanche urgent de s'interroger sur les causes de certains excès, sur le message qu'ils expriment en profondeur.

Pour conclure, on pourrait dire qu'éduquer c'est rendre citoyen, qu'éduquer c'est « civiliser », c'est-à-dire apprendre à substituer le droit à la force afin que la raison l'emporte sur la pulsion.

La citoyenneté est avant tout le résultat d'une intégration sociale. Il faut apprendre à coexister, à vivre ensemble, à concilier des conceptions diverses voire opposées de l'existence.

Il faut, comme le disait Kant, « renforcer le souci qu'a chacun de l'intérêt commun ».

Désir et besoin

« *Malheur à qui n'a plus rien à désirer.* »
Jean-Jacques Rousseau

La grande différence entre le désir et le besoin semble tenir dans le fait que le besoin suppose la satisfaction tandis que le désir suppose au contraire l'insatisfaction.

On peut essayer de relier la problématique que vous soulevez entre *désir* et *besoin* à la double définition de l'être humain : d'une part l'individu biologique, produit par la nature, d'autre part la personne humaine, qui s'est créée au long d'une aventure dont les étapes les plus décisives sont les rencontres. C'est une distinction fondamentale propre à l'humain.

Les besoins sont essentiellement liés à des impératifs de la nature, les désirs à des épisodes de l'aventure. Ils s'inscrivent dans deux domaines distincts de notre devenir.

On ne peut donc jeter systématiquement le discrédit sur les besoins pour encenser le désir ?

Ils ne peuvent en effet être repérés l'un par rapport à l'autre sur une échelle de valeurs. Les besoins apparaissent dans l'ensemble des contraintes que nous subissons, les désirs dans l'ensemble des projets qui anticipent notre futur.

On peut toutefois noter que les besoins varient d'une société à une autre, d'une époque à une autre, et d'un individu à un autre. Les besoins ne sont donc pas simplement naturels. Ce dont un petit Français a besoin pour grandir ne signifie rien pour un petit Mongol nomade – le jus d'orange pressé quotidien, par exemple.

Les besoins sont surtout physiologiques.

Pourtant, on vient de le voir, le besoin excède largement le besoin au sens physiologique : le nécessaire des uns est le superflu des autres.

Certes, mais les besoins découlent avant tout des nécessités imposées par le maintien de nos métabolismes. Ils correspondent aux caractéristiques de l'espèce et sont donc semblables chez tous les membres de celle-ci. Ils sont surtout différenciés par les contraintes de l'environnement : les besoins vitaux ne sont pas les mêmes sous l'équateur et aux pôles. Les besoins sont alors définis par les processus biologiques qui construisent et maintiennent notre organisme.

Les désirs, eux, naissent en chacun au contact des autres ?

Les désirs sont la conséquence de notre insertion dans un groupe humain, défini avant tout par sa culture, fruit de son histoire. Ils se manifestent et s'expriment donc différemment d'un groupe à l'autre.

Revenons un instant aux besoins. Comment peut-on distinguer les « vrais » besoins des « faux » ?

Si les faux besoins sont en réalité des désirs, la réponse à votre question est dans la désignation des désirs nuisibles. Ce sont ceux qui sont incompatibles avec les limites imposées par la nature, ou incohérents avec les comportements permettant la vie en société. Les faux besoins créés par nos sociétés occidentales, dites riches, sont en grande partie nuisibles : dans l'humanité contemporaine, peut être notamment considéré comme nuisible tout ce qui détériore notre planète, donc la destruction des richesses non renouvelables. Nuisibles également les attitudes qui entravent les rencontres, ainsi le prototype du faux besoin qu'est la compétition.

L'inconvénient majeur du besoin, c'est qu'il ne peut être assouvi une fois pour toutes, puisqu'une fois rassasié il meurt certes, mais pour renaître. C'est l'escalade, la surenchère, le suréquipement : on veut toujours « plus », plus que la veille, plus que le voisin.

Le « toujours plus » que vous dénoncez est justement provoqué par l'attitude permanente de compétition. La comparaison avec l'autre ne peut être raisonnable que si elle exclut le désir de le dépasser. C'est à ce point que se situe la bifurcation : transformons-nous ou non la différence en une hiérarchie ? C'est le sentiment constamment présent qu'il nous faut dépasser l'autre dans son être ou dans son avoir qui est à la source d'une escalade sans limite dans l'accumulation des performances ou des biens.

Vous racontez parfois que, lors de vos séjours chez les Touaregs, vous avez été fasciné par leur sérénité, leur joie de vivre. Et pourtant ils ne possèdent rien.

Souvenons-nous du Petit Prince allant vers une fontaine. Son bonheur est dans l'approche, non dans l'atteinte. La possession d'objets n'a pas grand-chose à voir avec le bonheur. La tension vécue durant la période de désir a plus d'importance pour le cheminement de notre aventure, pour la construction de notre personne, que la satisfaction ressentie au moment de l'accomplissement. C'est cette tension qui est motrice, l'objet même du désir n'est que secondaire.

D'où cette forme de déception très répandue dans nos sociétés : on est blasé. La distinction majeure entre le besoin et le désir tiendrait donc au fait que le désir se situe au-delà de la satisfaction, l'essentiel étant de désirer, non de désirer ceci ou cela. C'est ce qui fait que l'homme cherche toujours à se dépasser ?

La recherche d'un dépassement de soi ne me semble pas de la même essence que le désir. Il s'agit de la construction de sa propre personne et du regard que nous portons sur elle, comme si elle nous était extérieure. Cette construction est la grande affaire de la vie de chacun, une nécessité que chacun s'impose à soi-même, dans un retournement sur soi-même de la flèche causale dont nous sommes l'initiateur. L'existence, telle qu'elle résulte de ce que nous avons reçu de la nature, ne nous suffit pas.

Il nous faut « être », au sens où la Bible emploie ce verbe lorsque Dieu répond à Moïse : « Je suis celui qui suis. » Et cet être nécessite de perpétuellement devenir. Il n'y a pas de repos ni d'armistice dans la lutte contre soi, qui se déroule ailleurs que dans les besoins et les désirs.

Finalement, aucun bien matériel, pas plus que la gloire, l'argent ou le pouvoir, ne peuvent combler le manque fondamental. Le désir a pour but la vie de l'esprit, ce que d'aucuns appellent la quête de l'infini. Est-ce la raison pour laquelle la jouissance n'est pas dans la possession – impossible – mais dans l'absence ou dans l'imaginaire ?

La jouissance est plutôt dans la dynamique de ce devenir que j'évoquais plus haut.

Le mot « désir » vient du latin desiderare, *qui signifie « regretter une étoile disparue ». Belle étymologie !*

L'étoile disparue est une référence au passé. La puissance du désir vient de ce qu'il se réfère à l'avenir. Si pressé soit-il, ce désir concerne des instants futurs, tandis que le besoin existe au présent. Nous sommes là au cœur de la spécificité humaine. L'espèce humaine est l'espèce qui a inventé l'avenir.

Invention qui donne une tonalité différente à toutes nos attitudes. Ainsi, pour les animaux, les activités sexuelles sont l'aboutissement de processus hormonaux, qui satisfont un besoin présent. Pour l'être humain, ces mêmes processus se traduisent par une projection vers le futur qui transmute ce besoin en désir.

Certains philosophes se méfient cependant non seulement du besoin, mais aussi du désir. C'est le cas de Schopenhauer, qui considère que le désir nous asservit dans le sens où il nous empêche de connaître le repos. L'homme est ainsi condamné à chercher un bonheur inaccessible.

Le bonheur résulte moins de l'accès à l'objet du désir que de l'effort tendant vers lui. Mais l'impossibilité d'être en repos n'est pas pour autant un asservissement ni le résultat d'une condamnation. Puisque pour un humain être c'est devenir, l'important est la « tension vers »; elle apporte le dynamisme sans lequel on ne peut échapper à l'immobilisme, à la pré-mort que vous appelez le repos.

Il n'y aurait donc point de malédiction du désir. Comme le disait John Stuart Mill : « Il vaut mieux être un homme insatisfait qu'un porc satisfait. » Un problème subsiste cependant : tous les désirs ne sont pas réglés par la raison. Certains peuvent même se révéler effrayants par leur immoralité. Y a-t-il des « mauvais » désirs ?

Le cheminement du besoin vers le désir transite par le fantasme. Il met donc, dans un premier temps, la raison hors jeu. Il est alors nécessaire de la réintroduire si l'on veut éviter les déviations incontrôlées.

Certains parlent d'analphabétisme émotionnel, qui serait en quelque sorte l'incapacité de contrôler ses émotions.

L'analphabétisme que vous évoquez, n'est-ce pas simplement le signe d'une absence d'apprentissage de la morale?

Le désir s'apprend-il?

Il est sans doute inutile d'apprendre à désirer, mais il est nécessaire d'apprendre à faire un tri dans la masse de nos désirs.

Sous prétexte que les désirs peuvent parfois s'avérer immoraux, le christianisme, par exemple, les a long-temps combattus au point de culpabiliser à l'extrême les individus, ce qui a engendré chez eux de nom-breuses frustrations. Le remède n'était-il pas pire que le mal?

Le désir étant un produit de l'imagination, il échappe dès son apparition à toute règle. Autant le besoin est de l'ordre du concret, du réel, autant le désir est de l'ordre du fabuleux. Ne soyons pas étonnés lorsqu'il véhicule les pulsions les plus fantas-tiques. Ce n'est que dans un second temps qu'il est confronté aux conséquences éventuelles de sa réalisa-tion. C'est dans ce second temps que peuvent interve-nir la raison et la morale. Tant que ce passage au réel n'a pas débuté, la culpabilité est sans objet.

La sagesse ne consisterait-elle pas – comme le suggérait Spinoza – non plus à associer la perfection de notre être avec le renoncement ou la dépréciation de la vie, mais au contraire à associer la recherche de la perfection à la satisfaction joyeuse de nos désirs?

La religion chrétienne place l'interdit trop en amont. Qui n'a rêvé devant le tableau célèbre décrivant la mort de Sardanapale? Son lit est comme un autel où sont sacrifiées les femmes de son harem : des eunuques les égorgent sans les rendre moins lascives et désirables. Se complaire à regarder cette scène érotico-sadique n'est pas, me semble-t-il, signe de perversité, tant la distance est grande entre ce monde imaginaire et la réalité. Le passage à la réalité implique forcément des limites.

Et c'est là, comme je l'ai dit plus haut, que doivent intervenir la raison et la morale. Les désirs sont liés, répétons-le, à l'aventure humaine, aux rencontres. Grâce aux désirs, nous nous projetons dans l'avenir. Toute la difficulté est de faire en sorte que ces projets restent au service de l'humanité.

Le paradoxe du désir subsiste : le désir reste un manque, que rien ne peut combler par définition.

C'est tout l'intérêt du désir, qui nous pousse à nous interroger, à chercher, à nous améliorer, à douter, à être.

Écologie

« *Quand le dernier arbre sera abattu, la dernière rivière empoisonnée, le dernier poisson capturé, alors seulement vous vous apercevrez que l'argent ne se mange pas.* »
Un Indien Cree

Je pense que nous serons d'accord pour nous réjouir que le souci de l'environnement et de l'avenir de la planète soit partagé par un grand nombre de nos concitoyens.

Il s'agit de prendre enfin en considération la petitesse et la fragilité de notre planète, sa finitude. Quelles que soient leurs cultures, nos ancêtres ne pouvaient en avoir une perception claire car ils étaient peu nombreux et ne disposaient que de moyens de déplacement lents. Le premier milliard d'humains n'a été atteint que très récemment, au début du XIXᵉ siècle. D'immenses zones étaient restées vierges de présence humaine. On ne se bousculait que dans des régions très limitées que l'on pouvait, en cas de nécessité, quitter pour aller voir ailleurs.

Aujourd'hui que nous sommes six milliards d'humains, nous devons admettre qu'il n'y a plus d'ailleurs. Jusqu'à il y a peu, la vitesse des chevaux était pour les hommes l'équivalent de la vitesse de la lumière pour les particules : une limite indépassable.

Cette limite n'a été abolie qu'au début du XIXᵉ siècle. Cette Terre dont il fallait plusieurs mois pour faire le tour a raisonnablement paru immense.

Plus inattendue encore a été l'accélération du transfert des informations.

Ce transfert, en effet, exigeait le déplacement des hommes qui les portaient. Il est désormais pratiquement instantané. C'est pourquoi des changements d'attitude s'imposent d'urgence! Tout ce qui peut favoriser cette prise de conscience est favorable à ces changements de comportements. La lucidité est le point de départ de la sagesse.

L'économie mondiale semble faire peu de cas de cette préoccupation.

Malheureusement, le changement en profondeur des comportements n'est obtenu qu'avec retard, longtemps après la généralisation de la lucidité, elle-même décalée par rapport aux constats faits par les scientifiques. De plus, vous l'évoquiez, les pouvoirs politiques se contentent de gérer le court terme, ce qui revient à nier la réalité. Dans ce domaine, l'unité de durée est la génération, raison de plus pour ne pas perdre de temps.

On pourrait prendre un exemple : les combustibles fossiles, qui sont la force motrice du réchauffement de la planète, sont aussi celle de l'économie mondiale.

L'épuisement proche des combustibles fossiles n'est qu'un exemple de cette myopie délibérée. L'absence d'une gestion des déchets de toute nature est significative du refus de traiter ces problèmes.

C'est la première fois, dans l'histoire de l'humanité, qu'une action d'origine humaine est responsable d'une évolution globale du climat : l'homme perturbe son atmosphère.

Il est déjà arrivé que les êtres vivants transforment le milieu. Il y a quelques milliards d'années sont apparues sur Terre des algues bleues. Elles ont respiré l'atmosphère qui entourait alors la Terre. Leurs métabolismes ont libéré l'oxygène qui s'est peu à peu répandu dans l'atmosphère. La composition de celle-ci a donc été modifiée. Mais ce passage d'un équilibre à un autre a nécessité trois milliards d'années ! Un délai assez long pour que tous les êtres concernés puissent s'adapter. C'est au contraire à un rythme infiniment plus rapide, en quelques siècles, que nous bouleversons la réalité qui nous entoure.

La mondialisation aggrave-t-elle forcément la situation ?

Le mot « mondialisation » prête à confusion : il peut s'agir du simple constat de l'interdépendance de tous les humains emmenés, c'est un fait, sur le même bateau, ou bien de la mise en place de structures capables d'orienter les évolutions en prenant en compte les intérêts de tous.

Quel est, selon vous, le premier point sur lequel il serait urgent de se mettre collectivement d'accord ?

Sur la finalité de cette action commune. Des arbitrages sont nécessaires entre les besoins immédiats des plus pauvres et la préservation du patrimoine commun.

Mais les nations ont une vision du monde à court terme basée sur l'intérêt. Ces arbitrages ne peuvent donc être laissés aux « marchés » que décrivent les économistes. Par nature ceux-ci ne peuvent tenir compte que de l'avenir immédiat. Les orientations à long terme devront par conséquent être l'œuvre d'une instance mondiale dotée de pouvoirs réels. En fait, il faudrait une volonté politique : l'écologie implique des choix courageux, des investissements techniques. Le partage des ressources en énergie va être l'occasion de mettre en lumière la nécessité d'une volonté commune.

Que penseriez-vous d'un réseau interconnecté à l'échelle planétaire utilisant le vent et le soleil ?

La disparition des gisements de pétrole et de gaz avant un siècle contraindra à des investissements colossaux, par exemple l'installation d'une immense surface photovoltaïque sur orbite géostationnaire. Ce devrait être techniquement réalisable assez rapidement, mais cet exploit est financièrement hors de portée d'un seul pays, serait-il le plus riche.

La volonté politique peut être déterminante, mais chaque petit geste peut s'avérer décisif. On retrouve ici la question de la citoyenneté et, par là même, de l'éducation.

Il faut dès l'école donner un sentiment de culpabilité à celui qui se permet de gaspiller un bien épuisable. Des pratiques économes plus répandues et plus systématiques pourraient avoir un impact significatif. Il est souvent dit que la principale source d'énergie se trouve dans le gaspillage d'énergie. Utiliser ce « gisement » suppose un profond changement de mentalité. L'exemple devra en être partout donné.

On peut calfeutrer ses fenêtres au lieu de « pousser » le chauffage.

Un cas évident de gâchis est fourni par les grotesques courses ou rallyes consistant à aller le plus vite possible en un lieu où rien ne vous appelle, ou même à tourner en rond !

On parle de plus en plus de « crise de l'eau ».

L'eau, peut-être même avant le pétrole, pourrait devenir cause de conflits. À qui appartient l'eau du Jourdain ? La réponse ne peut être proposée que par des instances mondiales. Celles-ci devront affirmer non seulement le droit des nations, mais aussi le droit des peuples.

On pourrait un jour commercialiser l'eau des fleuves ?

Ce serait un remède pire que le mal car cela reviendrait à donner le droit de gâcher l'eau au plus riche.

La seule attitude raisonnable est de la regarder comme un bien commun des hommes, bien qui échapperait à la loi du marché et serait attribué par un organisme planétaire.

Si j'ai bien compris, la concertation, la négociation à l'échelle mondiale sont en train de devenir nécessaires.

Absolument nécessaires.

Il est un autre domaine dans lequel nous aurions bien besoin de réglementation, c'est celui du nucléaire.

Le pire du nucléaire, c'est qu'il constitue un danger contre lequel nos sens ne nous prémunissent pas. L'évolution de notre organisme, au cours de millions d'années, nous a appris à nous méfier de ce qui est trop chaud, de ce qui coupe, de ce qui transperce. Mais nous ne percevons aucun signal d'alarme devant un produit radioactif alors que la moindre dose est néfaste, rapidement mortelle. Ce n'est que par un effort d'imagination ou de soumission à des règlements que nous pouvons comprendre le danger.

La radioactivité est cette peste sournoise qui nous guette au hasard d'un nouvel accident nucléaire, en Russie ou ailleurs...

Le nucléaire restera toujours, hélas, un ennemi très particulier qui avance masqué, un ennemi invisible.

Le principe dit de précaution vous semble-t-il respecté dans ce domaine ?

Les ingénieurs partisans du nucléaire, passionnés qu'ils sont par leurs exploits techniques, semblent plus fascinés que méfiants devant ce risque qui est pourtant énorme!

Ils disent que la probabilité d'un accident est très faible.

Remarquons qu'en ce domaine les calculs de probabilité n'ont guère de signification. On peut toujours rendre la probabilité d'un accident inférieure à un seuil fixé à l'avance, mais elle ne sera jamais nulle.

On pourrait la calculer?

Le coût de l'accident peut être considéré comme pratiquement infini. Or le mathématicien nous met en garde devant la multiplication de presque zéro par presque l'infini, une opération dont le résultat peut être indéterminé. Si la probabilité d'un accident est a chaque année, la probabilité qu'il n'y ait aucun accident durant n années sur les m centrales en fonctionnement est $(1 - a)^{nm}$. En admettant que $a = 1/1\,000\,000$, c'est-à-dire que chaque centrale soit si sûre qu'il faille en moyenne attendre un million d'années pour qu'un accident grave s'y produise, que $n = 2\,000$ années et $m = 500$ centrales, cette probabilité de non-accident n'est que de $0,999999^{\,2\,000 \times 500}$, soit un tiers.

J'ai du mal à suivre. Autrement dit...

Autrement dit, le fonctionnement de cinq cents centrales merveilleusement sûres durant vingt siècles n'a qu'une chance sur trois de ne pas provoquer au moins un accident grave.

On a donc pris des risques inconsidérés !

Oui, car cet accident grave peut avoir des conséquences planétaires.

On ne peut pas ne pas évoquer le scandale des farines animales. La course à la rentabilité semble dans ce cas évidente ?

L'affaire des farines animales est exemplaire du glissement d'une finalité à une autre. Au départ, il s'agit de mieux nourrir les humains en facilitant l'accès à une nourriture comportant plus de viande. Mais les entreprises qui prennent en main les recherches et la commercialisation du résultat de ces recherches n'ont qu'un objectif, faire des bénéfices plus importants. Or ces bénéfices apparaissent dans leurs bilans annuels ou même dans leurs résultats mensuels. Tout est donc sacrifié à ces échéances à court terme. En fait, la logique même du système libéral conduit à ignorer les conséquences lointaines et à ne valoriser que les résultats immédiats.

Ce qui inquiète aussi les consommateurs ce sont, évidemment, les OGM, les organismes génétiquement modifiés : le patrimoine génétique de certains organismes a été transformé afin qu'ils acquièrent de nouvelles propriétés.

J'ai déjà dit quelques mots sur le sujet.

Oui, dans le chapitre sur la bioéthique.

Les OGM sont un autre exemple de cet oubli du long terme, doublé d'un mensonge à propos des besoins en nourriture. Un rapport très complet a été fourni par l'ONU sur la capacité de la Terre à nourrir les hommes. Dans les conditions de production actuelles, sans recours à des modifications génétiques, la Terre peut nourrir plus de dix milliards d'hommes. Or nous serons probablement à peine neuf milliards à la fin du siècle.

Je vais me répéter mais, si certains peuples souffrent de la faim, la cause n'est pas le manque global de nourriture, mais sa mauvaise répartition. Ce n'est donc pas un problème technique de production, mais un problème politique.

Plus de la moitié des produits d'épicerie vendus aux États-Unis contiennent déjà des OGM.

En l'absence de connaissances précises des risques pour l'environnement, la sagesse devrait être d'appliquer le principe de précaution.

Les risques pour l'environnement ou pour la santé ne peuvent donc être évalués.

Bien sûr que non. De plus, un autre risque doit être évoqué, qui n'est pas environnemental mais social : il s'agit de la mise sous tutelle de tous les agriculteurs de la planète par les entreprises multinationales productrices de semences.

Nous avions évoqué ce risque, mais il est tel que vous avez raison d'insister.

Ces semences donnent en effet de magnifiques récoltes, mais les grains récoltés ne peuvent être utilisés comme semences. Le paysan est donc contraint de s'approvisionner auprès des producteurs d'OGM. C'est ce pouvoir, et non l'anéantissement de la faim, que recherchent ces producteurs, et qui peut déboucher sur une véritable dictature planétaire.

Et José Bové dans tout ça ?

Avec le combat de José Bové, on se trouve face au problème classique de l'équilibre entre la légalité et la légitimité. Son souci d'attirer l'attention sur les dangers à long terme de certaines directions de recherche est certes légitime ; les moyens qu'il emploie sont illégaux. Dans la phase actuelle, je crois que la légitimité doit l'emporter sur la légalité. Les lois sont faites pour être adaptées. Un jour vient où l'on remercie ceux qui ont provoqué ces changements.

D'une façon générale, il est donc urgent, vous l'avez dit, de réagir. Mais comment ? Les villes sont devenues irrespirables, au sens propre du terme : il y a de plus en plus d'allergies, d'asthme...

Il suffit de voir certaines photos de ces mégapoles où les humains sont entassés pour se questionner avec le poète : «Est-ce ainsi que les hommes vivent ?» L'erreur apparaît monstrueuse lorsque l'on comprend que ces citadins sont pour la plupart des paysans qui ont fui leur village à cause de la misère, alors que c'est pourtant dans ces villages qu'est produite la nourriture. Il est nécessaire d'inverser les forces qui poussent les hommes vers les mégapoles.

Comment ?

Peut-être en s'opposant à l'idéologie de la lutte présentée comme le moteur de l'activité, de la compétition regardée comme le principal facteur de progrès. Il faut redonner valeur à la recherche de la solidarité en s'efforçant de réaliser des groupes dont la taille soit favorable à l'émergence d'une interdépendance créatrice. Ce n'est le cas ni des ensembles trop petits, ni des ensembles trop grands.

Il est très important en effet de rappeler que le « sujet » de tous les problèmes que nous évoquons est l'homme. Ce que nous voulons protéger, ce sont les valeurs humaines. C'est d'ailleurs pourquoi il est préférable de parler d'environnement plutôt que de nature.

Au mot « nature », je préfère celui de « cosmos », c'est-à-dire l'ensemble du monde réel au sein duquel notre espèce est apparue. Ce cosmos est le produit des forces élémentaires à l'œuvre depuis l'origine.

Oui, mais l'écologie n'a pas pour objet l'étude du cosmos en lui-même.

L'écologie a pour objet l'étude des rapports entre l'humanité et la partie du monde réel qui conditionne son existence.

*C'est la pollution de l'environnement qui est cho-
quante, et non la pollution de la nature.*

Ce qui rend notre espèce unique est en effet sa
capacité à intervenir de façon délibérée sur l'environnement. Tous les autres objets, qu'ils soient inanimés
ou vivants, subissent cette réalité. Nous seuls sommes
capables de comprendre les processus qui y sont à
l'œuvre et de les infléchir en fonction de nos désirs.
D'où notre responsabilité.

*Il faut se méfier de certaines formes d'écologie qui
ramènent tout à la nature. L'écologie ce n'est pas le
retour à la nature. Seul l'homme a des droits, la
nature n'en a pas.*

Des droits et des devoirs. Ce qui est respectable,
vous avez raison, ce n'est pas la nature elle-même,
mais l'exigence légitime de nos descendants de profiter de ce qu'elle nous offre. Nous n'avons pas le droit
d'abîmer ou de détruire telle richesse naturelle non
renouvelable, non pas parce que cette richesse serait
sacrée, mais parce que le droit de nos enfants à en
bénéficier est sacré.

*C'est d'ailleurs pourquoi l'ère technologique
implique une éthique nouvelle, dont la principale
maxime pourrait être – comme le suggère Paul
Ricœur – l'exercice de la retenue, de la mesure, voire
l'« abstention d'agir ».*

Ce qui est effectivement nouveau est notre devoir
de ne pas exercer certains des pouvoirs que nous nous
sommes donnés grâce aux avancées techniques per-

mises par la science. Il y a là un retournement inattendu de notre attitude face à ce que nous désignons par le mot «progrès». Il nous faut comprendre que, lorsque la technique met à la disposition des hommes une capacité d'action nouvelle, il faut avant tout choisir l'objectif que cette novation nous permettra de poursuivre.

La démocratie devrait se montrer capable de prendre des mesures de précaution, d'interdiction, même si elles sont impopulaires.

Du choix de cet objectif, qui décidera? Dans une société comme la nôtre où l'efficacité est le critère premier, il est difficile d'imposer, au nom des dangers futurs qu'elle implique, l'interdiction d'utiliser telle ou telle technique immédiatement utile. La démocratie sera-t-elle capable de faire entendre la voix de ceux qui ne sont pas encore nés? C'est pourtant de cela qu'il s'agit: donner la parole à ceux qui vivront dans quelques générations. Voilà une nouvelle direction de réflexion pour les politologues. Comment tenir compte des suffrages des citoyens virtuels que sont nos petits-enfants?

Le problème est d'autant plus délicat que les informations sont contradictoires. Quelles décisions prendre alors? Le téléphone portable est-il ou non dangereux? On pourrait donner de nombreux exemples.

Cette démocratie au domaine élargi doit évidemment éviter les réactions irrationnelles et tenir compte des faits réels. Elle suppose un effort permanent de lucidité.

Femme

> « *Entre deux individus, l'harmonie
> n'est jamais donnée, elle doit
> indéfiniment se conquérir.* »
> Simone de Beauvoir

*Partout dans le monde, les femmes s'efforcent de
faire reculer le crime, la corruption, la mafia, l'intégrisme, la violence. À l'inverse, les violeurs, les égorgeurs, les massacreurs sont toujours des hommes.
Avez-vous une explication ?*

Nous entrons là dans une querelle sans fin entre
l'« inné » et l'« acquis ». Peut-on imaginer que leurs
gènes incitent les hommes à être, plus facilement que
les femmes, des égorgeurs, des massacreurs ? L'expérience des monstrueuses horreurs du siècle dernier
pourrait rendre cette thèse plausible, mais on peut
aussi tenir compte d'un événement que les femmes
vivent avec beaucoup plus d'intensité que les
hommes, la naissance d'un bébé. Elles sont face à un
petit être dans une situation de dépendance, de
dénuement, de danger pratiquement sans égal. Il est
entre leurs mains. Elles font l'expérience à la fois de
leur toute-puissance si elles décidaient de le détruire,
et de leur faiblesse quand elles luttent pour sa survie.
Ces sensations ressenties au plus profond d'elles

doivent les faire basculer du côté de la compassion, de la non-violence. Cette expérience est hélas inconnue de beaucoup d'hommes.

Ne peut-on tout de même pas parler d'une identité spécifique de la femme? Certaines féministes la revendiquent car elles ne veulent point être assimilées aux modèles masculins : elles ne se reconnaissent pas dans la façon «guerrière» dont les hommes ont organisé la société.

Si l'adjectif «spécifique» fait référence à l'espèce humaine, il n'y a pas de spécificité féminine; femmes et hommes appartiennent à la même espèce. En revanche, il existe une distinction fondamentale des rôles que la nature leur réserve dans le processus de la procréation, distinction amplifiée par les structures sociales qui ont plus ou moins arbitrairement attribué certaines fonctions à chaque sexe.

Les travaux pénibles réservés aux hommes...

Cette attribution tient parfois compte de caractéristiques musculaires : la force physique des femmes est en moyenne inférieure à celle des hommes.

«En moyenne», il est important de le préciser.

Mais le plus souvent, ce sont des références symboliques qui interviennent. Ainsi lorsque les corvées liées à l'approvisionnement en eau sont exclusivement assurées par les femmes. L'arbitraire de ces fonctions est mis en évidence par la comparaison des sociétés. En Europe, par exemple, les fonctions liées à la couture sont essentiellement féminines, tandis qu'elles sont masculines en Afrique.

Face au fait de la différence entre l'homme et la femme, deux attitudes s'opposent : celle « différentialiste », de Luce Irigaray par exemple, qui insiste sur la différence des sexes, et celle « universaliste », plutôt celle de Simone de Beauvoir, qui met l'accent sur l'égalité. Cette opposition est-elle indépassable ?

Avant d'utiliser des termes philosophiques aussi impressionnants, je crois nécessaire de rappeler les données scientifiques permettant de définir ces deux « objets » que sont la femme et l'homme. Pour le biologiste, cette définition est liée à la dotation chromosomique de chaque individu. Dans l'espèce humaine, cette dotation est répartie entre quarante-six chromosomes formant vingt-trois paires. Chez les individus de sexe femelle, ces paires sont toutes symétriques; chez ceux de sexe mâle, vingt-deux seulement le sont, la vingt-troisième paire étant formée d'un grand chromosome, noté X, et d'un plus petit noté Y. Les différences biologiques entre les deux sexes résultent toutes de cette dotation dont une copie est fournie à chacune de nos cellules lors de sa réalisation. Toutes les parties de l'organisme sont donc informées du sexe de l'individu.

L'affectation à tel sexe est décidée dès la conception ?

Le géniteur mâle produit en effet deux catégories de spermatozoïdes, ceux que la loterie génétique a dotés d'un X, ceux qu'elle a dotés d'un Y. Selon que le spermatozoïde qui pénètre l'ovule (doté uniformément d'un X) est de la première ou de la seconde catégorie, l'embryon qui se développe est de génotype (XX), donc femelle, ou de génotype (YX), donc mâle.

Tout ce qui différencie une femelle d'un mâle est la conséquence de cette différence génétique.

Oui, mais cette répartition en deux ensembles dissemblables des individus appartenant à une même espèce n'a pas toujours existé. Pour nos lointains ancêtres les algues bleues, par exemple, apparues il y a quelques milliards d'années, la réalisation de la génération suivante – acte essentiel pour lutter contre le pouvoir destructeur du temps – était un geste individuel. Chacun faisait une copie de soi. Le remplacement de cette technique de reproduction par le mécanisme de la procréation faisant intervenir deux acteurs n'est intervenu qu'il y a moins d'un milliard d'années.

C'était en quelque sorte un «recul» des capacités attribuées à chacun...

Avec la nouvelle méthode, en effet, l'être isolé n'a plus le pouvoir de transmettre ce qu'il a reçu. Si elle a eu le succès que nous savons, c'est que ce handicap individuel est largement compensé par un avantage collectif : le tirage au sort de la moitié des gènes possédés par les parents fait que chaque être procréé est «nouveau»; l'aventure de l'espèce peut donc se perpétuer en explorant des voies imprévisibles.

Avec ces remarques, tout est dit sur le rôle du sexe dans le monde des vivants, sauf lorsqu'il s'agit de notre propre espèce.

Notre regard sur les humains ne peut être lucide que s'il discerne en chacun une double réalité : l'individu produit par les processus naturels, la personne générée par l'immersion de cet individu dans une communauté humaine.

Pour l'individu, tout ce qui concerne le sexe se résume aux conséquences de la dotation (XX) ou (YX).

Pour la personne, tout dépend de l'attitude de la communauté face à ces conséquences.

La réflexion sur la différence homme-femme doit donc dès le départ distinguer ce qui concerne la nature de ce qui concerne l'aventure.

Le premier domaine n'a, pour notre espèce, rien de bien particulier, si ce n'est la posture debout qui modifie l'apparence des organes génitaux. Le second est défini par l'ensemble de l'histoire des sociétés. C'est un double regard. Ce double regard permet de comprendre aussi bien les «universalistes» qui comprennent l'unité (sinon l'égalité) des membres de l'espèce, que les différentialistes qui mettent en relief la distance entre les destins des femmes et ceux des hommes.

Leurs descriptions sont tout de même discordantes.

Certes, mais elles ne créent pas pour autant un paradoxe, elles constatent simplement la nécessité à la fois d'une coexistence (chaque sexe a besoin de l'autre pour assurer la succession des générations) et de conflits (chaque sexe se définit par sa différence avec l'autre).

La position différentialiste présente néanmoins un intérêt car elle met en lumière cette identité propre commune à toutes les femmes et liée non pas à la nature mais à leur histoire. Elles ont été privées de vie sociale.

La femme reste à la maison, s'occupe des enfants et du ménage !

Privées d'initiative.

Le père, chef de famille !

Privées de droits civiques.

Il a fallu attendre le XXᵉ siècle, en France, pour que les femmes aient le droit de vote !

Écartées par là même de la vie politique.

Les femmes sont encore assez peu représentées à l'Assemblée nationale ou au Sénat !

Privées de désir.

Une femme ne doit pas avouer son désir!

Bien sûr, on ne peut nier cette histoire. Il faut surtout en tirer les leçons. Ce coup d'œil en arrière permet de prendre la mesure de la persistance d'attitudes collectives qui sont à l'évidence grotesques. Au milieu du XXᵉ siècle, par exemple, une jeune femme française perdait, en se mariant, le droit de posséder un carnet de chèques personnel! L'attitude de la société occidentale a été durablement fondée sur une méfiance permanente à l'égard des femmes.

La responsabilité de cette suspicion peut sans doute être imputée à l'Église romaine, qui a pris à la lettre certains passages de la Bible présentant Ève comme l'instigatrice de la faute d'Adam. L'influence de saint Paul a été décisive : dans la *Première Épître aux Corinthiens*, il justifie la soumission des femmes aux hommes par le fait qu'Ève a été tirée d'Adam, Dieu lui prélevant une côte pendant son sommeil!

Personne n'oserait plus présenter cette légende comme décrivant un fait réel?

Bien sûr, mais les conséquences que cet apôtre en tire marquent encore aujourd'hui l'attitude de l'Église, notamment lorsqu'elle réserve aux hommes les fonctions les plus importantes.

Plus proche de nous, l'œuvre législative de Napoléon...

En effet marquée par un profond mépris des femmes, et qui n'a cédé du terrain que bien lentement. Rendez-vous compte qu'il a fallu attendre 1944 pour que soit accordé aux femmes françaises le droit de vote! Il est d'ailleurs significatif que le combat pour obtenir ce droit n'ait guère mobilisé les femmes. Dans leur grande majorité, elles avaient «accepté» l'évidence de leur faible aptitude à intervenir dans les luttes politiques. Même les féministes les plus convaincues hésitaient au début du XXe siècle à militer en faveur de ce droit. L'influence du clergé sur les femmes était en effet si puissante que leur donner la parole aboutissait à donner du pouvoir à ceux qui les assujettissaient. Le cercle vicieux de la dépendance se refermait sur elles.

L'aliénation culturelle des femmes est un fait. Comme l'écrivait Simone de Beauvoir : « Ce n'est pas l'infériorité des femmes qui a déterminé leur insignifiance historique, c'est leur insignifiance historique qui les a vouées à l'infériorité. »

Cette aliénation est loin d'être achevée. Nous devons en prendre conscience collectivement.

On entend dire souvent que le féminisme est un combat dépassé, ou déplacé. Mais il est le prolongement de cette prise de conscience que vous évoquez. Il y a des faits qui font froid dans le dos : chaque année, dans le monde, deux millions de petites filles sont infibulées; chaque année, en Russie, des milliers de femmes sont assassinées par leurs maris... La liste est longue, hélas, la prostitution forcée, les viols, bref la barbarie! J'aimerais citer Mirsada, une jeune femme qui raconte à sa façon le conflit yougoslave : « Certaines nuits, ils étaient plus de vingt et nous ont infligé beaucoup de choses. Nous devions faire la cuisine pour eux, les servir nues. Ils ont violé et massacré certaines filles devant nous. Ils ont coupé les seins à celles qui résistaient» (Bosnie, 1992).

Je suis indigné, bien sûr. Mais cette indignation n'est rien sans une réaction manifestée dans la vie quotidienne.

On a du mal à imaginer la situation inverse : les femmes faisant subir aux hommes des atrocités identiques.

Certes, mais l'indignation ne peut se limiter aux rapports hommes-femmes. Elle concerne nécessairement tous les rapports entre êtres humains, et ces rapports doivent être repensés, transformés, chaque fois qu'ils impliquent durablement la domination de l'un et la soumission de l'autre. Car, il faut le répéter sans se lasser, il n'y a pas de hiérarchie entre les êtres humains. Et la justification implicite de tels rapports de domination est précisément la «croyance» en la réalité d'une hiérarchie fondamentale entre les êtres humains. Croyance qu'il est souvent difficile d'éradiquer.

Qu'il s'agisse d'un maître face à un esclave, d'un riche face à un pauvre, d'un colonisateur face à un colonisé, ou d'un homme face à une femme, celui qui domine se sent appartenir à une catégorie autre. Ses actes ne sont pas dictés par un désir de faire mal mais par la volonté de tenir compte de ce qu'il croit être la réalité. Il est intimement persuadé qu'en dominant il ne fait que son devoir et participe à l'amélioration du sort du dominé. Ce dernier a souvent un regard semblable et accepte l'existence d'une frontière infranchissable entre lui et celui qui l'opprime.

C'est la raison pour laquelle il y a finalement peu de révoltes.

Le paradoxe historique est en effet le faible nombre de révoltes d'esclaves ou de démunis, la longue patience des colonies, le peu de cris des femmes.

On étouffe leurs cris!

En tout cas, la lutte pour les droits des femmes ne se dissocie pas de la lutte de tous les opprimés, quelle que soit la raison de leur oppression.

Les arguments à employer ne sont donc pas différents?

Il s'agit d'accepter ou de récuser l'idée de l'égalité en droit de tous les membres de l'espèce, quelles que soient leurs caractéristiques biologiques ou sociales.

Le féminisme met justement l'accent sur les inégalités, sur les injustices faites aux femmes. Il ouvre les yeux sur l'illusion universaliste de la démocratie des droits de l'homme pour qu'elle ait des chances de devenir un jour réalité : égalité des salaires, égalité de la représentation politique, égalité des chances tout simplement. L'égalité est l'utopie nécessaire du féminisme; en ce sens elle n'est pas l'apanage des femmes. Êtes-vous féministe?

J'essaie de ne pas être hypocrite. Dans l'opposition homme-femme, il se trouve que la nature m'a mis dans le camp qui, depuis des millénaires, a été dominant. Comment prétendre que je n'ai jamais profité de cette position ?

Réponse ambiguë !

Réponse honnête ! Je vous laisse, sur ce sujet, le mot de la fin.

Merci. J'aimerais simplement inviter tous les êtres humains – dont les hommes – à la tendresse. La féminisation de l'espèce humaine me paraît être une chance formidable pour l'humanité.

Générosité

« L'autre passe avant moi, je suis pour l'autre. »
Emmanuel Lévinas

Un monde marqué par la défiance généralisée est un monde impossible à vivre. Devant cette impossibilité, Descartes dirait qu'il faut prendre des risques : c'est ce qu'il appelle la « générosité », la grandeur d'âme en quelque sorte...

L'ouverture à l'interlocuteur ne doit pas être perçue comme un signe de grandeur d'âme mais comme une nécessité permanente.

Ce n'est donc pas par générosité mais par intérêt bien compris que l'on doit prendre au sérieux le contenu d'un échange ?

Oui, mais cette ouverture ne signifie pas l'absence d'esprit critique. L'autre peut se tromper et peut même désirer nous tromper. Il faut donc rester sur ses gardes. L'important est de maintenir une attitude d'écoute malgré le risque qu'elle comporte.

L'important, c'est la rencontre.

Nous ne pouvons échapper à notre thème permanent : la transformation de chaque individu, tel qu'il a été produit par la nature, en une personne construite par les rencontres.

Quelles que soient leurs modalités ?

À la limite, oui. Quelles que soient leurs modalités, ces rencontres participent à une métamorphose. Même s'il est agressif, méprisant, destructeur, l'autre est perçu comme un membre de la tribu humaine. L'échange avec lui peut être douloureux, il n'est de toute façon pas insignifiant. Il provoque en nous des changements souvent définitifs. Sur le moment, ces changements peuvent être perçus comme des reculs, ou comme des défaites.

C'est souvent, en tout cas, la défaite de la générosité.

Parce qu'ils remettent en cause des acquis que nous imaginions inaltérables. Comme la confiance. Pour autant ils ne sont pas des retours en arrière. Ils sont des progressions dans des directions nouvelles.

Nous nous influençons mutuellement. Ce qu'autrui pense de moi me transforme et ce que je pense d'autrui le transforme.

Cette porosité implique une interaction permanente qui fait de chacun le produit de la communauté et de la communauté le produit des orientations individuelles. L'esprit doit demeurer poreux. Isolée, réduite à ses propres sensations, à sa propre imagination, la personne ne peut que constater son incapacité à se renouveler.

C'est d'ailleurs pourquoi on a avant tout besoin de l'école pour combattre l'égoïsme.

Dans toute réflexion sur l'école, on devrait rappeler la phrase d'Érasme : « On ne naît pas homme, on le devient. » La mise en place d'un système éducatif répond à la nécessité d'orienter ce devenir. La finalité de l'école est donc de permettre à chacun de participer au jeu de la construction des personnes.

Apprendre à vivre ensemble. Ce qui suppose d'acquérir un certain savoir, pour comprendre la règle du jeu.

Et ce savoir est devenu si complexe que l'on risque de le considérer comme la finalité du travail proposé aux enfants. En réalité, cette finalité est de progresser dans l'art de la rencontre, alors que le savoir n'est qu'un des moyens utilisés pour cette progression.

L'école est le lieu de la transmission des savoirs et on y apprend la compétition, vous le savez.

Il ne faudrait pas proposer aux enfants d'apprendre à lire dans le but d'avoir une bonne note en lecture, mais dans le but d'être capable de rencontrer ceux qui ont écrit.

Mais la France est le pays des concours !

Il faut demander aux élèves de faire des efforts pour comprendre les mathématiques non pas dans le but de réussir un concours, mais en vue de participer à un jeu collectif passionnant, car les mathématiques sont d'abord un jeu revigorant pour l'esprit. Avec cet objectif, il est clair que la compétition perd toute justification et devient même contre-productive.

Et la générosité dans tout ça ?

C'est en aidant l'autre à comprendre que l'on vérifie que l'on a soi-même compris, et surtout que l'on constate n'avoir pas encore tout à fait compris.

S'il est aussi fondamental de combattre les tendances égoïstes – qui sont en chacun de nous –, c'est parce qu'elles sont à la source même du malheur des hommes. Quand l'intérêt ou le plaisir seuls sont les moteurs de l'action, tout est possible !

Ce n'est pas au nom des conséquences catastrophiques de l'égoïsme que j'aimerais le combattre, mais au nom de la lucidité sur la réalité humaine. Dire que l'égoïsme est une tendance présente en chacun de nous est peut-être déjà excessif. Ce qui est en chacun de nous est l'ensemble des processus mis en place et gérés par notre patrimoine génétique. Et cette dotation initiale d'informations est étrangement pauvre. Nous savons depuis peu qu'elle comporte moins de quarante mille gènes, ce qui est vraiment peu face à la richesse de l'objet réalisé. Ces gènes ne sont que des structures moléculaires, qui jouent leur rôle en interagissant avec d'autres molécules, mais qui sont bien incapables d'intervenir dans des choix complexes, subtils, comme ceux impliqués par l'opposition entre le bien et le mal. Mais il n'y a pas que la dotation génétique. Les humains, nous l'avons dit, en ont totalement transformé la signification et la portée en y introduisant des concepts assez éloignés du plaisir, comme la tendresse et l'amour. Il ne s'agit plus de gènes.

Le problème c'est que, bien souvent, il n'y a pas d'amour. Ce qui s'oppose à l'amour, n'est-ce pas précisément l'égoïsme ?

Non, l'amour n'est pas l'opposé de l'égoïsme. Il est un bouleversement intérieur qui échappe à toute analyse, à toute rationalité. Sous l'effet de ce torrent, les frontières de soi sont comme abolies, la personne que nous sommes se sent dilatée aux dimensions du cosmos. Tous les réflexes liés à l'égoïsme sont balayés, comme des poussières le sont par la tempête. Il ne s'agit plus, comme dans les instants ordinaires de la vie, de s'y opposer, mais de les anéantir.

Oui, mais on ne peut pas aimer tout le monde !

L'amour est une telle tornade que l'on ne peut aimer tout le monde. Il serait hypocrite de le prétendre ou d'agir en faisant comme si. La vraie générosité doit être sincère et refuser les faux-semblants. Elle consiste à se mettre à l'écoute de l'autre en ne lui cachant pas la diversité des réactions qu'il provoque en nous. C'est-à-dire en lui accordant une part de ce qui nous est souvent le plus précieux, le temps dont nous disposons et qui, si vite, s'enfuit.

À défaut d'amour, nous « devons » agir comme si nous aimions en quelque sorte : c'est la définition même de la générosité ?

La générosité est le nom que l'on donne à l'attitude qui est au fondement de la construction de chacun : l'ouverture à ce que nous apporte l'autre, même lorsque cet apport nous paraît inquiétant, voire dangereux. Toute rencontre comporte un risque. Être généreux, c'est affronter ce risque.

Descartes avait raison : la générosité, c'est l'agir éthique, c'est ce que je « dois » faire.

À vrai dire, ce comportement devrait être si commun que l'on ne devrait même pas avoir à en parler. C'est le devoir de l'être humain. La générosité est aussi nécessaire à la réalisation de notre personne que la respiration ou l'alimentation sont nécessaires à la survie de notre organisme.

Chacun devrait par conséquent assumer sa responsabilité d'être humain en choisissant la générosité plutôt que l'indifférence ou la violence. Mais ne décrivons-nous pas là un monde utopique ?

Ce qui pose problème aujourd'hui, c'est le choix accepté par notre culture de l'individualisme, c'est-à-dire de la fermeture sur nous-mêmes. Nous savons bien que notre organisme est incapable de subsister longtemps s'il ne reçoit pas de l'énergie venant du monde extérieur. Nous devrions comprendre avec la même évidence que le déroulement de notre aventure intérieure nécessite des apports qui, pour l'essentiel, viennent des autres humains.

On ne peut subsister seul, on ne peut « exister » seul, c'est pourquoi il est indispensable de tisser des liens avec autrui. Certes. Mais toute la difficulté consiste à respecter l'autre, même si je ne l'aime pas, même s'il ne me plaît pas, pis, même s'il ne me respecte pas! On peut – en se situant sur le plan de l'appartenance commune à l'humanité – faire le pari de la rencontre possible, mais la rencontre réelle est souvent un échec!

Vous évoquez un pari semblable à celui de Pascal, un pari où l'on ne peut perdre, un peu à l'inverse du jeu de pile ou face proposé par des enfants malins : « Pile, je gagne, face tu perds. » En fait, l'ouverture à l'autre, que vous assimilez ici à la générosité, est une attitude fondée sur le réalisme plus que sur le jeu. Certes, la rencontre peut être un échec, au sens où l'échange cherché n'a pu se réaliser, mais cet échec est lui-même porteur de leçon. Ne confondons pas échec et défaite. Nous anticipons les résultats d'une rencontre et en attendons des merveilles : ces merveilles ne sont souvent pas au rendez-vous, nous pouvons en être déçus, mais le résultat final, différent de ce qui était espéré, peut se révéler plus riche que prévu. J'ai peu à peu appris que l'apport le plus précieux provient souvent des interlocuteurs les plus lointains, ceux dont l'approche a été la plus difficile tant le langage commun était réduit.

La vraie générosité demande du temps, de la persévérance, de la volonté. Est-ce une forme de sacrifice?

Je déteste ce mot, et plus encore le comportement qu'il désigne. Faire semblant d'approuver quelqu'un, d'éprouver pour lui de la sympathie, alors que la réalité est l'opposé, ce n'est pas faire un sacrifice, c'est tout simplement commettre un mensonge.

Parlons d'altruisme, alors ?

Mais l'altruisme, de la même façon, correspond à un regard biaisé sur la réalité humaine ! La lucidité nous force à admettre que la richesse de chacun lui est fournie par sa participation à une réalité qui lui est supérieure : la communauté à laquelle il appartient. L'important n'est pas d'aider l'autre, mais d'agir pour le bien du groupe auquel lui comme nous appartenons. Ce groupe, cette communauté peuvent avoir une ampleur variable de la famille au village, à la nation, à l'humanité. Ils sont tous un des visages de ce surhomme qu'est une collectivité.

Lorsque quelqu'un a besoin de nous, nous devons l'aider coûte que coûte, au risque de perdre notre propre vie ?

Face à un danger couru par l'autre, la solidarité se manifeste de façon «tribale», elle n'est pas le résultat d'un raisonnement, mais un comportement spontané provoqué par notre appartenance à une même espèce. Ce comportement ne peut pas être réellement qualifié de généreux car il semble extérieur à la conscience. Il s'agit d'un réflexe plutôt que d'une décision délibérée.

Il s'agit d'un réflexe en effet et non d'une relation «éthique». C'est un élan spontané qui n'a pas grand-

chose à voir avec la responsabilité ou avec le devoir. L'attention à l'autre, l'accueil de l'autre, la générosité exigent au contraire une force morale, une volonté.

On ne peut confondre les deux.

Cet accueil de l'autre, c'est le fondement même des religions. A-t-on besoin de la religion pour «faire le bien»?

Certes, la plupart des religions se présentent comme le fondement d'une éthique, notamment celles qui résultent d'une révélation et font découler les règles de la vie en commun d'une injonction divine. Mais on peut espérer que là ne se borne pas leur message. Leur fonction la plus fondamentale est d'apporter des propositions de réponse aux questions obsédantes concernant l'au-delà. Ce n'est que par démission de la raison que l'on accepte une éthique imposée par une croyance. Car cette attitude revient à se soumettre à des ordres supposés divins, alors que la dignité de la communauté humaine lui impose de définir elle-même le bien et le mal. Ce problème est posé avec clarté par Dostoïevski lorsqu'il fait dire à Ivan Karamazov : «Si Dieu n'existe pas, tout est permis.» Il me semble au contraire que l'absence de Dieu, qu'il «existe» ou non, ne fait que rendre plus nécessaire la définition collective d'une limite entre ce qui est permis et ce qui est interdit. L'éthique ne doit pas être une soumission aveugle. Elle est la participation de tous à une forme de démocratie, celle qui trace les frontières entre le bien et le mal.

Cette exigence, cette éthique, devrait permettre de lutter contre les phénomènes d'exclusion qui se développent aujourd'hui dans nos sociétés, la générosité prenant alors la forme de la solidarité.

L'exclusion signifie le refus du statut d'être humain. En se comportant comme si ce refus avait été décidé explicitement, une collectivité fait un geste grave, elle s'ampute elle-même de l'un de ses membres. Cela peut être justifié, mais cela devrait alors nécessiter des procédures rigoureuses. Les exclusions auxquelles nous assistons dans la vie quotidienne sont au contraire l'aboutissement de mécanismes sociaux souterrains, implicites, qui déshonorent le groupe. Ce n'est pas par générosité mais par souci de justice qu'il faut faire disparaître ces exclusions.

La justice est le contraire de la charité. Il faut donc une volonté politique ?

La politique est l'art de faire vivre la cité. Sa pratique nécessite le choix d'objectifs, les uns à court terme – il faut surmonter les difficultés du moment –, les autres à long terme – il faut proposer un modèle, par essence utopique, qu'il n'est pas question d'atteindre complètement mais vers lequel on peut se diriger. Le court terme rend nécessaire une technique, le long terme une philosophie.

C'est le choix des objectifs lointains qui permet de définir la droite et la gauche ?

Oui, la droite privilégie le cheminement vers plus de bien-être, la gauche vers plus de justice. Pour la première, la générosité signifie l'accroissement de la richesse commune permettant d'améliorer plus ou moins la part de chacun. Pour la seconde, elle signifie accorder à tous une part équitable. Pour l'une il s'agit d'attribuer cette richesse à chacun selon ses mérites, pour l'autre selon ses besoins.

Que signifie pour vous l'idée de solidarité intergénérationnelle?

Cette solidarité signifie que l'on tienne compte, dans les décisions d'aujourd'hui, des intérêts des humains qui ne sont pas encore nés. Ce qui est loin d'être le cas.

Lorsque nous nous permettons de détruire certaines richesses non renouvelables, par exemple. Nous l'avons évoqué dans le chapitre sur l'écologie.

Ces richesses appartiennent en effet autant à nos petits-enfants qu'à nous-mêmes.

On pourrait également prendre l'exemple des retraites?

Le problème des retraites me semble être, dans notre société, stupidement posé. À tous les âges, hommes et femmes peuvent contribuer à la création de richesse. Simplement, cette contribution change de nature avec l'âge, mais elle mérite d'être rémunérée quelle que soit cette nature. Il ne faudrait plus parler de retraite, avec ce que cela suggère de mise sur la touche, de réduction à l'inutilité, mais d'activité modifiée. Du coup, ce n'est pas à propos de générosité que l'on évoquerait le problème des personnes âgées.

Revenons justement à la générosité. La «vraie» générosité n'est souvent pas tapageuse. Ce sont des bénévoles qui, dans l'ombre, offrent leur temps, leurs compétences, leur argent. Il n'y a pas que de la barbarie en ce monde !

L'humanité, aujourd'hui comme toujours, donne des exemples de tout. L'horreur est présente à Bagdad comme à Marcinelle. Elle est visible mais elle n'est pas plus dans la «nature humaine» que le don de soi, de ses richesses, de son temps. Cette coexistence du pire et du meilleur est la conséquence inévitable de notre liberté, qui rend justement vide de sens cette «nature». L'important est de rester conscient de notre inévitable solidarité. Le mal que nous faisons, comme le bien, nous ne le faisons pas à une personne, mais à l'ensemble des personnes humaines, y compris à nous-mêmes. Tuer, torturer, c'est se suicider, se détruire. Aider, c'est participer à la réalisation du surhomme dont nous sommes une partie, c'est se construire soi-même.

Une forme de générosité qui se perd, c'est l'hospitalité. Symboliquement, pourtant, cet accueil de l'autre est important.

En effet, l'hospitalité disparaît de nos habitudes, en raison surtout, je crois, de la structure de nos logements. Il est plus difficile de recevoir un ami de passage dans un deux-pièces-cuisine que sous une tente touarègue. Mais l'important, c'est la réalité de la rencontre. Elle ne nécessite pas obligatoirement la promiscuité.

Pour clore ce chapitre, nous pourrions nous réjouir d'assister à l'émergence de mouvements civiques et sociaux, qui semblent faire le pari qu'un autre monde, plus solidaire, plus généreux, est possible.

Nous avons été depuis tant de générations à la merci d'une mauvaise récolte, de heurts entre populations, que nous avons goûté avec délice les fruits de l'abondance. Quel plaisir que celui de ne pas craindre la faim ! Nous nous sommes abreuvés à toutes les sources, sans retenue. Nous avons découvert la satisfaction de boire avant d'avoir soif, de voir clair en pleine nuit, d'avoir chaud quand le vent est glacial. Puis est venu l'écœurement, celui qu'éprouve un enfant suralimenté. Nous avons compris que la nourriture perd toute saveur si l'appétit n'est pas là ; et surtout que la satisfaction personnelle laisse un goût amer s'il n'y a pas de partage. L'émergence des activités s'efforçant de donner un tour concret à la solidarité est le signe d'un mouvement en profondeur de notre culture occidentale. Cette solidarité est finalement le signe d'une lucidité, non celui d'une générosité.

Humain

*« Avec le néolithique, l'homme s'est mis
à l'abri du froid et de la faim,
il a conquis le loisir de penser. »*
Claude Lévi-Strauss

L'homme, un surdoué de l'évolution, placé au sommet de l'échelle : cela n'invite pas à la modestie.

Cette notion de sommet n'a guère de sens car elle suppose une hiérarchie, un classement, donc une unidimensionnalité des objets comparés. On utilise sans trop réfléchir la métaphore de l'«arbre de l'évolution». Les espèces d'êtres vivants se sont effectivement différenciées selon un schéma figurant les branches d'un arbre, mais dire que telle branche représente une réussite supérieure à telle autre nécessite un critère unique permettant de les comparer. Si ce critère est, par exemple, la longévité des individus, les séquoias sont au sommet de l'échelle; si ce critère est la résistance à un milieu radioactif, ce sont, je crois, les scorpions qui gagnent la course. Si nous désirons justifier notre absence de modestie, il nous suffit de fonder notre jugement sur les caractéristiques qui sont par chance plus développées chez *Homo sapiens*. Mais l'attitude sage est de ne pas mêler un jugement de valeur à ces comparaisons et de nous contenter de découvrir ce qui est spécifique à l'être humain.

À quel moment pourrait-on dire que l'esprit évolue plus vite que le corps ? Yves Coppens situe ce tournant il y a environ cent mille ans.

L'évolution est le résultat de l'accumulation de mutations, dont chacune est le plus souvent assez insignifiante, mais qui provoquent à la longue l'apparition de performances inédites. Parmi ces performances, celle qui peut être considérée comme provoquant une bifurcation décisive du parcours de notre espèce est l'activité intellectuelle.

Comment pourrait-on décrire le processus dit d'« hominisation » ?

Le système nerveux central est dix à vingt fois plus riche en neurones que celui de nos cousins primates. Cette différence quantitative a été réalisée en quelques centaines de milliers d'années. Elle a provoqué peu à peu une différence qualitative dans la capacité à s'adapter au milieu et à agir sur lui. La mise en place de cette capacité à prévoir, à raisonner, à comprendre, a bouleversé les règles du jeu de l'évolution.

Le « premier homme » serait apparu à une date située entre cinquante mille ans et deux millions et demi d'années avant Jésus-Christ. Les paléontologues s'affrontent sur notre arbre généalogique. Il y a plusieurs hypothèses.

Il me semble vain de chercher à préciser qui a été le «premier homme». Les peintres des grottes décorées il y a vingt ou trente mille ans étaient très certainement autant des hommes que nous. Les *Homo erectus* apparus il y a un million et demi d'années sont nettement moins ressemblants, mais ils étaient capables de tailler des galets, d'affronter les animaux, de se vêtir de peaux de bêtes, et ils ont eu un jour l'idée d'apprivoiser le feu. Pourquoi leur refuser l'appartenance à notre communauté alors qu'ils ont été capables de commencer à s'affranchir des contraintes que leur imposaient leur constitution et leur milieu? Nés en Afrique, ils ont su résister aux climats plus froids et se sont aventurés en Europe. La terre est devenue presque en totalité leur domaine. Certes, *Homo sapiens*, apparu il y a cent cinquante mille ans, peut être considéré comme un prolongement des *Homo* qui l'ont précédé. Les frontières entre ces espèces restent cependant bien imprécises.

Diriez-vous que la conception d'un monde animal opposé à l'homme est aujourd'hui obsolète? C'était la conception de Descartes, par exemple.

Le monde animal ne peut pas être opposé au monde de l'humain, le second est en fait un sous-ensemble à l'intérieur du premier. Ce monde animal est lui-même un sous-ensemble à l'intérieur de l'ensemble des vivants, y compris les végétaux, les champignons, les bactéries. Et ceux-ci forment un sous-ensemble au sein de la totalité des objets sécrétés par le cosmos. Cette réunification est la conséquence de la découverte du fonctionnement de l'ADN, cette molécule pas plus mystérieuse que toute autre qui permet d'expliquer les performances de tous les êtres que l'on dit vivants. Cette unité profonde, qui inclut l'humain, est rigoureusement exprimée par la phrase des astrophysiciens nous montrant que nous sommes des « poussières d'étoiles ».

Quelle différence fondamentale subsiste-t-il alors entre l'intelligence animale et l'intelligence humaine ?

Avec un tel regard, on ne peut guère espérer découvrir des « différences fondamentales » entre ce que la nature a donné à l'animal et ce qu'elle a donné à l'homme. Cela est vrai pour toutes les fonctions biologiques, y compris celles qui mettent en jeu le système nerveux central. Les neurotransmetteurs, qui assurent le passage de l'influx nerveux d'un neurone à l'autre, sont de même nature chez l'homme et chez l'animal. Ce n'est donc pas par l'analyse, chère à Descartes, en éléments de plus en plus fins, que l'on peut déceler ces différences essentielles.

Une divergence s'est produite, nous obligeant à classifier *Homo* dans une catégorie à part, mais sa cause initiale était peut-être insignifiante. La métaphore qui ici s'impose est celle de la goutte d'eau qui tombe sur un col alpin et qui peut indifféremment se fondre dans le ruisseau qui va vers le nord et terminer son parcours dans la Baltique, ou dans le ruisseau qui se dirige vers le sud et l'emmène en Méditerranée. La petite différence qui a tout provoqué était peut-être au départ quantitative : elle concernait par exemple le nombre de neurones. Il se trouve qu'elle a été auto-amplifiante, qu'elle a permis la mise en place d'un langage infiniment subtil et que celui-ci a entraîné la réalisation d'un ensemble fait de tous les hommes, et donc plus complexe et plus performant que chacun de ses éléments.

L'espèce humaine serait ainsi la première et la seule espèce qui se représente elle-même, et qui cherche sa propre définition.

L'essentiel est le passage de l'être humain isolé à la communauté humaine faite de tous les liens qui, grâce au langage, créent un ensemble interactif. C'est cet ensemble qui est capable de retourner la flèche des interrogations sur elle-même, de se donner à elle-même une définition, de se recréer elle-même en projetant sa propre représentation.

Reprenons notre métaphore : pour toutes les autres espèces de primates, la goutte d'eau est allée se perdre dans les glaces de la Baltique ; pour les humains, elle a atteint le soleil de la Méditerranée. Ce retournement de l'interrogation sur soi-même est le propre d'une communauté humaine. Elle est alors amenée à se définir elle-même, à se créer une culture, à s'inventer une civilisation. Insistons sur le fait que cette réalisation est une œuvre collective, hors de portée de chaque humain ; ce qui justifie l'affirmation d'Érasme : « On ne naît pas homme, on le devient. » Il faut en effet, pour être « humain », ajouter aux définitions biologiques fournies par la nature les caractéristiques de comportement fournies par la communauté humaine. Ce qui caractérise alors la civilisation c'est le contrôle des pulsions mais aussi l'humour, la pudeur... N'est-ce pas joliment illustré par la Bible ? Adam et Ève ignoraient qu'ils étaient nus. Ayant désobéi, ils eurent honte de leur nudité. La pudeur est bien le fruit non pas de la nature, mais de la civilisation, de la culture.

Le risque est d'ériger en norme la culture dans laquelle on vit. Les notions mêmes de « sauvage » ou de « barbare » sont des inventions de la culture.

La mise en place d'une culture est nécessairement arbitraire. Aboutissement d'un chemin qui s'est programmé lui-même à mesure de son avancement, elle risque fort de se considérer comme un absolu et de mépriser les autres parcours. En fait, cette diversité peut à son tour être féconde à condition qu'elle soit génératrice d'échanges, ce qui suppose l'existence d'un langage commun, donc l'existence d'un noyau reconnu par tous. Mais quand l'humanisme survalorise une certaine culture, il rejette du même coup hors de l'humanité d'autres formes de civilisation. Chacun doit admettre que son humanisme n'est qu'une des facettes de l'Humanisme qui les englobe tous. N'est-ce pas ce que tentent de provoquer la Charte des Nations unies et la Déclaration universelle des droits de l'homme ?

L'envers de l'humanisme – qui reconnaît à l'homme la valeur suprême –, c'est souvent la glorification de l'« homme – mâle – blanc – occidental... ».

Bien sûr, les « mâles – blancs – occidentaux – riches » ont une grande part dans ces efforts, et il est temps qu'ils laissent les autres communautés s'exprimer.

On peut également regretter que la culture occiden-tale voue un culte dangereux à l'Homme qui s'ima-gine alors avoir tous les droits. Cette idolâtrie de l'Homme se retourne alors contre l'Homme lui-même.

Je suis prêt à glorifier le potentiel que représente l'Humanité au point où elle est arrivée aujourd'hui. Des projets magnifiques sont à notre portée. Il suffi-rait, semble-t-il, de le vouloir vraiment. Mais comment oser glorifier ce que font les hommes aujourd'hui! De même qu'un noyau commun est nécessaire pour solidariser les cultures, de même il nous faut déceler le poison central – les religions disent le «péché capital» – qui, en ce moment même, alors que certains des fruits désirés sont à portée de main, précipite toute l'espèce dans le chaos.

Est-ce parce que nous ne sommes que *des hommes?*

Ce n'est pas parce que nous ne sommes que des hommes, c'est bien plutôt parce que nous ne sommes pas encore des hommes.

La notion même d'«humanisme» pose problème. Hitler parlait d'«idéal»!

Par définition, l'humanité est à construire. Elle est un chantier en effervescence. Comme tous les mots, le mot «humanisme» est une arme dangereuse, car il contient un jugement de valeur.

NOUVELLE PETITE PHILOSOPHIE

De la même façon, le label « humanitaire » cache parfois une vraie barbarie.

Je préfère le néologisme « humanistique », qui désigne l'ensemble des réflexions, des recherches et des tentatives qui permettent de faire progresser ce chantier.

La notion de « crime contre l'humanité » peut aider à clarifier les concepts d'humanité et d'inhumanité. Le crime contre l'humanité est le meurtre auquel s'ajoute le déni de l'humain, quand le déporté, par exemple, est qualifié de « bestiau » ou de « matière première ».

Oui, un acte est un crime contre l'humanité lorsqu'il détruit la part d'un individu qui lui a été apportée par la communauté humaine, cette part qui fait de lui autre chose qu'une poussière d'étoile.

On pourrait alors définir l'homme à la manière de Kant, comme une dignité.

À la racine des réflexions à ce propos est le constat de la double réalité présente en un humain : d'une part l'individu, objet fabriqué par la nature, unique parmi la multitude des autres aboutissements auxquels est parvenu l'univers au terme provisoire d'une genèse qui a duré quinze milliards d'années, et d'autre part la conscience d'être que les membres de notre espèce se sont donnée en réalisant par leurs rencontres le surhomme qu'est leur communauté.

L'humanisme, par conséquent, n'est pas une idéolo-gie – idéologie qui peut mener, on l'a vu, aussi bien au progrès de l'humanité qu'à certaines formes de totalitarisme –, mais plutôt un processus d'humanisa-tion, le souci de créer une société plus humaine.

Oui, il est essentiel de comprendre que l'humanité n'est pas un palais déjà bâti mais une construction en devenir. Les plans des étages supérieurs ne sont pas encore dessinés. À nous de les inventer. Sartre a écrit que « l'homme est condamné à inventer l'homme », je préfère constater que l'humanité a la liberté d'inven-ter l'humanité. Le choix du pire est possible.

Et sera toujours possible.

Toujours. Il faudra sans fin que des éveilleurs jet-tent un cri d'alarme lorsque la barbarie est acceptée. Ils n'ont pas su se faire entendre en Allemagne au temps du nazisme. Ils ne sont guère entendus en Islam en ce temps d'intégrisme. Au « voici le temps des assassins » de Rimbaud, il faut répondre en appe-lant tous les hommes à ouvrir les yeux.

Que proposeriez-vous dans l'immédiat pour faire régresser l'inhumanité ?

Une mesure concrète s'impose : faire de l'école sous toutes ses formes, de la maternelle à l'université, le lieu où l'on apprend à rencontrer les autres. Bien sûr, il faut apprendre, comprendre, nourrir son intel-ligence, mais il faut surtout ne jamais oublier la fina-lité de tous ces efforts : savoir rencontrer.

Sur un plan plus philosophique, est-ce qu'on pour-rait dire que l'« humain », c'est la subjectivité, c'est-à-dire ce dont aucune étude neurobiologique ne peut rendre compte ? C'est par exemple l'effet que cela fait d'être Albert Jacquard.

C'est émerveillant d'être Albert Jacquard, car être un humain est émerveillant. Ce n'est pas rien d'avoir été capable de peindre la Sixtine, de composer le *Requiem*, d'imaginer la théorie de la relativité. Si vous me dites que je m'approprie les œuvres de Michel-Ange, de Mozart, d'Einstein, je ne nie pas, car je reste émerveillé de faire partie de cette communauté. Ils étaient des hommes comme moi, comme vous, comme tous.

Pour la première fois dans leur histoire, les hommes vont peut-être fabriquer du « surhumain », en corri-geant certains gènes, ou du moins fabriquer de nou-veaux êtres humains.

Ce que la technique génétique nous permet est de modifier la réalité « objet » qui est notre support. Cette modification peut être bénéfique, par exemple en éliminant certaines maladies dues à des mutations. Elle ne modifiera pas le « sujet », la subjectivité. Elle ne fera pas naître un surhomme doté de surcapacités biologiques : cela n'a pas de sens. Le véritable surhomme, je le répète, c'est la communauté des hommes.

Pouvons-nous, au terme de ce chapitre, tenter une définition de l'homme ? Un animal doué de raison ? Un animal politique ? Un animal symbolique ?

La meilleure réponse est celle de saint Jean, affirmant que «au commencement était le Verbe». Pour lui, il s'agit de l'origine de l'univers, mais le constat est valable pour chaque homme et pour l'humanité.

Si tout commence par des rencontres, tout commence par des mots?

Tout commence par les rencontres qui se concrétisent par des mots. L'homme, un objet devenu parole, une parole devenue conscience.

Internet

*« Je suis persuadé que le salut des individus
est dans un rejet décidé de tout le compliqué,
l'artificiel, l'inutile, dont la civilisation
nous gave à étouffer. »*
Théodore Monod

Nous sommes entrés dans l'« ère de la communication ».

Dès le départ, il nous faut bien distinguer deux mots : « communication » et « information ». La communication est la mise en commun, l'information est la mise en forme.

Il y a aujourd'hui prolifération des outils de communication ou d'information.

Les outils qui ont récemment été développés sont des outils d'information. Tout ce qui s'exprime par des images, des mots, des lettres, des chiffres, peut être instantanément partagé avec d'autres humains, quelle que soit la distance. La partie de l'humanité qui a accès à la technique moderne ignore désormais l'éloignement, autrefois si lourd de conséquences, entre l'émetteur d'une information et le récepteur, entre l'événement et la prise de conscience de son occurrence. Sans doute est-ce significatif de l'entrée dans une nouvelle ère, mais il s'agit beaucoup plus de l'ère de l'information que de l'ère de la communication.

S'il faut prendre le train des technologies de l'information, est-ce parce qu'il faut vivre avec son temps ou parce qu'il s'agit d'une véritable révolution culturelle qui va changer la société en profondeur, comme l'imprimerie ?

La révolution apportée par l'imprimerie était beaucoup plus fondamentale que celle apportée par l'électronique. Gutenberg a rendu tout ce qui est écrit accessible, mais dans une société humaine où le temps comptait peu. La technique actuelle permet que cet accès soit rapide, presque instantané. Dans certains cas, ce gain de temps est précieux, mais il est le plus souvent dérisoire.

Les notions de « toile », de « réseau » semblent tout de même intéressantes : des millions de sites reliés entre eux, autant de liens, de ponts tissés entre les gens ?

La multitude des liens que vous décrivez me fait penser à la rose du Petit Prince. Elle lui était précieuse car elle était unique. Entré dans un jardin garni d'innombrables roses, il n'a pu retenir ses larmes. Dans la phrase que j'aime répéter : « Je suis le lien que je tisse », le mot important est « je ». C'est à moi de tisser ces liens. S'ils me sont offerts, ils peuvent m'être utiles, mais ils perdent une grande partie de leur capacité à produire mon être. Il n'y a pas de réelle mise en commun. Je ne voudrais pas paraître faire la fine bouche, mais je crains que cette profusion de réseaux ne participe au jeu d'une société qui apporte la nourriture avant d'avoir pris soin de susciter l'appétit, d'où l'engorgement, l'écœurement.

Certains découvrent l'âme sœur sur la toile.

Oui, mais elle n'a une âme et ne devient une sœur qu'au cours des rencontres qui suivent, qui permettent d'aller au-delà de l'information sur les diverses caractéristiques du « personnage », et d'entamer une communication avec la « personne ».

Vous ne croyez pas au « village planétaire » ?

Le village planétaire est une réalité au sens où tous les humains sont devenus interdépendants. Nous ne pouvons plus ignorer l'existence des autres, que leur altérité résulte de leur éloignement géographique ou de leur distance sociale. Mais tout reste à faire pour organiser la vie collective de ce village. Il faudra bien mettre un jour en place une « gouvernance mondiale », dont l'ONU n'est qu'une vague ébauche. Mais il faudra auparavant diffuser largement le sentiment d'appartenance planétaire. Les Européens se sont engagés dans cette voie en multipliant les occasions de se sentir européen autant que français ou allemand. Des tentatives sont proposées pour créer cette communauté autour de la Méditerranée. Dans ces avancées, la toile peut être utile, mais ce n'est qu'un moyen secondaire.

Nous n'avons pas, il faut le dire, ni vous ni moi, de compétences particulières dans le domaine d'Internet, et nous nous autorisons pourtant à en parler car nous nous sentons concernés.

Le fait que nous ignorons tout du «comment ça marche» ne nous enlève aucun droit à critiquer le rôle d'Internet. Combien de conducteurs ignorent tout du moteur à quatre temps; ils n'en ont pas moins leur mot à dire sur la circulation automobile dans les villes! Les aspects positifs semblent nombreux. Nous pouvons, c'est vrai, être émerveillés par la capacité de cet outil à nous faire découvrir rapidement telle information recherchée. Mais cette facilité me semble plus un danger qu'un avantage, car c'est souvent en s'égarant que l'on découvre par hasard des domaines inattendus. Quel plaisir d'ouvrir une encyclopédie à une page plus ou moins aléatoire!

En permettant une circulation rapide d'informations, est-ce qu'Internet ne pourrait tout de même pas favoriser la prise de conscience, étendre la liberté d'expression, voire devenir un atout pour les démocraties et donc une arme contre la dictature et la barbarie?

Je crains que le bourrage de crâne ne soit aussi menaçant sur la toile que dans les journaux. Sans doute la multiplicité des contacts possibles rend difficile un matraquage assénant la seule «vérité», ramenant tous les conflits à une croisade du Bien contre le Mal. Mais des moyens plus sournois peuvent être utilisés pour orienter les esprits. Ainsi, les petits jeux qui attirent tant les enfants font passer des messages souterrains sur la nécessité de l'emporter sur l'autre, sur le recours normal à la violence, sur la valeur de la vitesse. La démocratie résulte d'une vigilance permanente, avec ou sans toile. Et cette vigilance doit être éveillée à l'école. Aussitôt que l'on apprend aux enfants à taper sur les touches des ordinateurs, il faut leur apprendre à rester critique face aux informations reçues. De même qu'en leur apprenant à conduire on leur enseigne le code de la route.

Les enfants semblent plus « éveillés » aujourd'hui, c'est peut-être grâce à toutes ces technologies de l'écran ?

Je reste méfiant face au pouvoir de fascination de l'écran. Certes il peut contribuer à réveiller un enfant peu intéressé par les thèmes traités à l'école, mais il peut aussi l'inciter à se satisfaire de jeux infantiles qui proposent sournoisement des normes sociales, qui admettent implicitement certaines valeurs. Le jeune devant son écran est aussi isolé que le conducteur devant le volant. Il est incité à une attitude de fermeture sur lui-même proche de la masturbation, qui n'a rien d'une mise en commun. Il ne s'agit pas de refuser ce que cette technologie peut apporter, mais d'en rester maître, ce que l'amélioration continue des performances et le renouvellement permanent des logiciels rendent difficile. L'illusion est entretenue par les fabricants de la nécessité de « rester dans la course », alors que la plupart des améliorations ne sont que poudre aux yeux ou performances inutiles.

Puisqu'« on ne peut arrêter le progrès », ne devrait-on pas mettre en avant l'urgence d'une régulation, d'une réglementation, pour que ce cyberespace ne devienne pas une jungle ?

La jungle que vous évoquez n'est pas due à Internet mais à la société qui peu à peu se constitue, sous l'influence d'Internet notamment. Lutter contre la marchandisation généralisée, contre le goût exacerbé de la compétition ne peut être obtenu par des lois, mais par un changement des états d'esprit. Celui-ci ne peut être l'œuvre que du système éducatif. Finalement, l'intérêt d'Internet est de mettre en évidence les tares grandissantes de notre façon de vivre ensemble.

Si je puis me permettre, comme on trouve vraiment de tout sur Internet, une réglementation pourrait tout de même dans certains cas être utile. Je pense aux expo-ventes d'objets et d'uniformes nazis, au cyber-marché de la natalité et de la parentalité : on peut acheter des ovules, des lots de sperme, et même des nouveau-nés ! Vous imaginez le choc pour un enfant de découvrir qu'il a été « acheté sur Internet » !

On revient à ce que je disais : Internet met en lumière les tares de notre société.

Tout ce qui flatte les pulsions agressives ou sexuelles est exploité au maximum. Les sites les plus courus sont des sites de jeux, des sites pornographiques, des sites d'achats en Bourse, etc.

C'est la marchandisation généralisée.

Ne peut-on pas craindre que ces nouvelles technologies ne parviennent à transformer la nature même de l'humanité ?

La nature de l'homme n'est pas à la merci d'Internet. En revanche, l'ajout que nous apportons à cette nature, en métamorphosant les « individus » qu'elle a produits en « personnes » (fruits des rencontres), peut être bouleversé par cette intrusion brutale de la technique dans le processus de construction de chacun.

Pour résumer, quelle est votre plus grande crainte au sujet d'Internet ?

La perversion de l'outil.

C'est-à-dire ?

Le langage sous toutes ses formes a provoqué la bifurcation de notre espèce en apportant la capacité à se savoir être, à accéder à la conscience. L'écriture, puis l'imprimerie permettant à ce langage de défier le temps ont amplifié ce pouvoir. Internet permet de défier l'espace. Ce peut être un ajout précieux à condition que la finalité n'en soit pas pervertie, c'est-à-dire tant qu'il reste un outil de rencontre. Or cette perversion est présente lorsqu'il devient un outil non de rencontre mais d'échanges tarifés.

Jeunesse

> *« Quand on est jeune, il ne faut pas hésiter*
> *à philosopher et quand on est vieux,*
> *on ne doit pas se lasser de la philosophie,*
> *car personne n'est trop jeune ni trop vieux*
> *pour prendre soin de son âme. »*
> Épicure

Si je vous demande votre âge, je suis impolie ?

Avant tout, il faut préciser ce qu'est cet «âge». Le fait que la réponse soit un nombre devrait provoquer un questionnement : que mesure ce nombre ? N'y a-t-il pas incohérence à associer un processus person-nel, le vieillissement progressif, à un phénomène cos-mique, le tournoiement de notre planète autour d'une étoile, et de se contenter de compter les révolutions accomplies depuis notre naissance ? Ce nombre ne reflète pas ce que je suis devenu, ce que je suis tout simplement.

En effet, lorsque j'évoque «intérieurement» mon âge, j'associe à cette réflexion beaucoup plus d'évoca-tions que ce mouvement circulaire stupidement répé-titif. Dire son âge ramène l'aventure jusqu'alors vécue à un événement bien peu significatif du contenu de cette aventure. Répondre «J'ai vingt ans» met l'ac-cent sur un mécanisme sidéral qui se déroule hors de moi. L'âge dont je peux affirmer en vérité que «je l'ai » est autrement plus riche, et ne peut se résumer à un nombre.

Il ne faut pas confondre, comme l'indiquait déjà Bergson, le temps et la durée.

Oui. Une des leçons de la théorie de la relativité, dont Einstein a montré le caractère réaliste, est que le temps ne s'écoule pas de la même façon pour tous les observateurs. Il suffit de bouger par rapport à un événement pour que sa durée soit plus longue ; il suffit de s'approcher d'un objet massif pour que le rythme d'un pendule se ralentisse. Il est donc plus conforme à la réalité des processus observés de ne pas parler du temps comme d'un absolu mais de se référer à des temps personnels définis par les horloges de chacun. Ce qui nécessite quelques transformations de nos habitudes intellectuelles. Un exemple est fourni par la prise au sérieux d'un constat fait par les psychologues : la sensation ressentie par notre organisme n'est pas proportionnelle à l'intensité de la cause qui l'a provoquée, mais au logarithme de cette intensité.

Cela mérite une petite explication.

Expliquons-nous : augmenter de 10 grammes un poids de 100 grammes provoque la même sensation que d'ajouter un poids de 20 grammes à un poids de 200 grammes. En effet, dans les deux cas, l'ajout est de 10 %. Et c'est ce pourcentage de variation qui est perçu, phénomène que le mathématicien traduit en prenant pour échelle de mesure le logarithme de l'intensité.

Mais peut-on étendre ce constat à la sensation de la durée ?

Cela est loin d'être absurde : une année vécue à dix ans donne la même impression de durée que six années à soixante ans, car le pourcentage d'augmentation est le même. Il serait en fait raisonnable de définir l'âge comme le logarithme du nombre des années, soit 1 à dix ans; 1,8 à soixante-dix ans; 2 à cent ans. Ce qui permet de comprendre un fait important : un enfant de dix ans a vécu «intérieurement» la moitié de ce qu'il aura vécu lorsqu'il sera centenaire.

N'est-ce pas un simple artifice mathématique ?

Absolument pas. Je crois que c'est la mesure lucide du rythme des événements qui se succèdent en nous. En tenir compte nous permet d'adopter une meilleure échelle de référence lorsque nous évoquons la jeunesse et la vieillesse.

Quel âge avez-vous alors ?

Je réponds à votre question en disant que le logarithme de mon âge est de 1,88. Remarquez que celui d'une jeune fille de dix-huit ans est de 1,25; l'écart n'est que de 50 %. Je n'ai donc pas quatre fois son âge, mais seulement moitié plus, ce qui n'est pas sans conséquence pour mon regard sur les autres et sur moi.

Notre société a pourtant tendance à séparer de plus en plus les jeunes des vieux.

L'opposition jeune-vieux est un cas extrême de cette réduction que je viens de dénoncer : l'écueil, c'est l'unidimensionnalisation, c'est-à-dire le remplacement d'un objet, d'un concept, d'une performance par un nombre, ce qui ne peut être qu'abusivement réducteur.

On devrait plutôt insister sur ce que tous les hommes ont en commun, qu'ils soient jeunes ou vieux.

Non, je ne suis pas tenté d'insister sur ce que les hommes ont en commun, mais plutôt sur la multiplicité des caractéristiques qui les font différents. Aucune de ces différences ne permet à elle seule une dichotomie, qu'il s'agisse de l'âge, de la couleur de la peau ou de l'aptitude aux mathématiques.

Dans notre société vouée au culte de la jeunesse, il est presque devenu honteux d'être vieux.

Aucune de ces différences précisément ne permet une hiérarchie en valeur comme celle que vous évoquez. À quand des défilés dans les rues derrière une bannière proclamant «désunidimensionnalisons-nous!»?

Il faudra trouver un slogan plus simple! Cette obsession tout de même, rester jeune, est très présente dans notre société : la chirurgie esthétique, par exemple, s'est beaucoup développée ces dernières années. On veut à tout prix effacer ou retarder les effets du temps.

On ne peut que dénoncer le jeunisme, mais ce ne sont pas les « effets du temps ». Le temps n'est pas un acteur. Il n'est que le constat d'une succession d'événements, il n'a pas de réalité intrinsèque. Rien n'est plus déroutant que de comprendre que pour certaines particules, les photons, ces grains de lumière, le temps ne passe pas. Condamnés à courir toujours à la vitesse de la lumière, ils ne peuvent vieillir. Ils sont encore ce qu'ils étaient lorsqu'ils ont commencé leur aventure peu après le big-bang.

Revenons aux humains que nous sommes. Le refus de vieillir a toujours existé, vous le savez. En fait, il est l'expression d'une angoisse existentielle présente en chacun de nous.

Décidément, les mots sont trompeurs. L'angoisse existentielle est en réalité l'angoisse de ne plus exister. C'est vrai, je sais que mon existence aura une fin. Ce sera un événement situé dans la succession des instants. Les planètes continueront leur course et je ne serai plus là. Mais pourquoi m'intéresser au temps des planètes, alors que c'est mon temps intérieur, personnel, qui importe. Or ce temps défini par les successions des événements qui surviennent dans ma propre conscience ne comportera aucun instant extérieur à mon parcours de vie. Mon temps intérieur ne peut avoir, par définition, ni avant ni après. En me référant à ce temps personnel, je n'ai ni origine ni fin. (C'est là l'équivalent des réflexions des astrophysiciens incapables de définir un « avant big-bang ».) L'angoisse, pour être réellement existentielle, doit impliquer la crainte de ne pas utiliser au mieux mon

123

temps intérieur. C'est cet objectif qui devrait me préoccuper. Mais à quoi bon évoquer les instants du temps cosmique que je ne connaîtrai pas ?

L'opposition jeunes-vieux est ce que l'on appelle aussi le fossé des générations. Le fait de vivre avec son temps crée forcément un décalage avec le temps d'avant.

Le concept de génération n'a qu'une signification très limitée, il ne s'applique guère qu'à une famille, les parents, les enfants, les petits-enfants. Dans une collectivité, le passage du témoin est continu; ce n'est que très arbitrairement que l'on évoque quelques dates fétiches souvent liées à des guerres ou à des soubresauts comme celui de Mai 68. Ils sont présentés comme ayant provoqué un hiatus séparant deux générations, en fait ce ne sont que des marque-pages; le livre a été écrit sans discontinuité, le torrent des événements a poursuivi son mouvement.

Il n'empêche que, parfois, le dialogue entre les générations est difficile, car tout a changé, la musique, les vêtements, les mœurs, les mentalités.

Ce n'est pas entre les générations mais entre les individus qu'il faut entretenir le dialogue. La difficulté me semble souvent plus grande avec des personnes de mon âge qu'avec des lycéens. Avec les premiers, je ressens un éloignement qui décourage l'échange sincère; avec les plus jeunes, j'ai l'impression que la rencontre est plus riche car j'ai des choses à leur dire, et eux en ont plus encore, notamment par leurs questions, révélatrices des réponses qu'ils attendent.

Les jeunes sont souvent assez « rebelles », ils refusent précisément les réponses des anciens. Ils souhaitent inventer leur vie. C'est une désobéissance nécessaire, une contestation positive ?

Étant donné l'état de la société dans laquelle on leur propose d'entrer, on peut espérer et non pas craindre qu'ils se rebellent. Inventer sa vie devrait être considéré comme un droit. Cela suppose que le conformisme soit regardé comme une tare, donc la contestation comme un moteur. Refuser en bloc les leçons des anciens serait une stupidité, mais la principale leçon aujourd'hui est de ne pas faire ce qu'ils ont fait.

Tout est à repenser ?

Oui, dans les rapports des humains entre eux et avec leur planète, tout est à repenser. Jeunes ou vieux ont un égal devoir de contribuer à la bifurcation nécessaire.

Si « penser, c'est dire non », comme le disait Alain, il est bien normal que les jeunes empruntent de nouveaux chemins, tentent de nouvelles aventures ?

Oui mais, j'insiste, ce n'est pas seulement aux jeunes de dire non. L'urgence des changements nécessaires pour repenser les rapports entre les peuples (la nécessaire renaissance de l'ONU) et pour respecter la planète (la lutte contre toutes les pollutions) rend obligatoire la participation de tous. Plus encore qu'aux jeunes, c'est à tous les anciens de savoir dire non à une société qui nous précipite dans le mur et qui se satisfait de constater qu'on s'en approche de plus en plus vite. Être révolutionnaire ne doit plus être le privilège des adolescents.

Le problème avec la jeunesse, c'est que la révolte revêt souvent des formes apolitiques, et qu'elle se confond parfois avec des prises de risque inconsidérées : je pense aux accidents de voiture, à l'alcool, à la drogue.

On pourrait bien sûr éviter tous ces drames inutiles. Comment en définir la cause ? Pour la drogue, par exemple, on peut retracer la succession des événements qui ont abouti à la catastrophe finale, le premier joint, la récidive, le besoin d'argent pour se procurer sa dose, le délit, etc. Mais il faut tenter de remonter à la cause première. Elle se situe très en amont, au cours des premières phases de la construction de la personne, à l'époque où se forge en chacun une certaine forme du goût de vivre.

La société actuelle offre-t-elle suffisamment de perspectives dans ce sens ?

Non, au contraire, notre société, par de multiples canaux, fait passer le message que l'objectif de chacun est de l'emporter sur les autres, que la vie est avant tout une lutte contre eux. Les rapports avec autrui sont alors vécus comme des épisodes dont l'aboutissement ne peut être que la victoire ou la défaite. La première débouche sur la recherche de succès plus grands encore dans une épuisante fuite en avant, la seconde sur la recherche de plaisirs de substitution, tels ceux que vous énumériez. Il ne sert à rien de lutter contre la drogue, par exemple, si la société continue à diffuser une vision de la réussite individuelle ayant pour sens la domination des autres.

On reproche souvent aux jeunes d'aujourd'hui de n'être jamais contents alors qu'ils ont « tout ».

L'écœurement des adolescents, leur refus de jouer le jeu de la compétition, est un signe de santé. Ceux qui sont inquiétants sont ceux qui se soumettent aux règles de la société en admettant qu'il n'y a rien à faire pour la changer.

Il faut dire que l'histoire leur ressert, inlassablement, son cortège de guerres, d'injustices, d'atrocités.

Oui, mais l'histoire ne fait que leur raconter leur passé. Il faut leur répéter que l'avenir n'est pas écrit et qu'ils ont à le construire. L'essentiel de l'enseignement devrait être orienté vers la réalisation d'une nouvelle humanité, la description du passé n'ayant pour intérêt que de mieux réfléchir aux avenirs réalisables.

Dans son célèbre Discours à la jeunesse, Jean Jaurès écrivait : « La paix nous fuira-t-elle toujours [...], non [...], j'ose dire que la grande paix humaine est possible, et, si nous le voulons, elle est prochaine. » Ne pas désespérer la jeunesse, c'est aussi votre combat ?

127

Bien sûr, Jaurès ne peut qu'avoir raison lorsqu'il prétend que la paix est possible, puisqu'elle ne dépend que de la volonté des hommes. Aucune loi de la nature ne nous oblige à accepter la violence et la guerre. C'est donc aux humains de construire la paix, non pas comme une absence de conflit mais comme une méthode non violente de résolution de conflits.

Vous disiez à l'instant que l'essentiel de l'enseignement devrait être orienté vers la réalisation d'une nouvelle humanité. Pour ce faire, il faudrait faire de l'école un lieu de création de l'« humain », alors qu'elle est en train de devenir l'antichambre d'une société marchande !

C'est la finalité de l'éducation qui est en question. À qui les enseignants doivent-ils rendre des comptes ? Certainement pas aux chefs d'entreprise qui ont besoin d'une main-d'œuvre efficace et docile, certainement pas aux autorités civiles et militaires qui rêvent de citoyens disciplinés et facilement satisfaits. Même pas aux parents qui sont trop enclins à vouloir concrétiser les rêves qu'ils ont faits pour leurs enfants. Ils ne doivent des comptes qu'aux jeunes eux-mêmes : les ont-ils aidés à définir leur autonomie et à lui donner un contenu ? Insistons : les familles ne doivent entrer que timidement à l'école, les autorités civiles qu'avec réserve, et les militaires et les chefs d'entreprise pas du tout.

À l'école, il y a les notes, les appréciations, les « bons », les « mauvais » : comment donner le goût de

128

vivre ou d'apprendre à un élève jugé « mauvais » ?
N'est-il pas déjà exclu en quelque sorte ?

L'école intègre beaucoup trop les concepts qui ont cours dans le système productif. Il se peut que, dans une usine ou un commerce, il soit judicieux d'utiliser au mieux les « ressources humaines » en organisant la compétition entre individus, malgré tout ce que cette lutte permanente entraîne comme destruction des personnes. Mais l'école n'a ni les mêmes contraintes ni les mêmes objectifs. À l'école, le concept de rentabilité n'a aucun sens. Il faut forger des concepts spécifiques pour le système éducatif. Celui de hiérarchie doit y disparaître au profit de celui de différence. Chacun possède ses qualités propres. C'est là le point essentiel qui entraîne de proche en proche une véritable révolution du fonctionnement de l'école. Les notions de tri, d'élimination, de concours ne devraient plus avoir de sens. Il faut remplacer la compétition (qui consiste à se comparer à l'autre avec le désir de le dépasser) par l'émulation (se comparer à l'autre avec le désir de s'améliorer soi-même). Certes, un tel fonctionnement n'est guère cohérent avec ce qui se passe dans la société, mais le rôle de l'école n'est-il pas de transformer la société, non de l'aider à persévérer dans ses erreurs ?

L'école doit aider la jeunesse à grandir. Pour termi-
ner cet entretien sur le thème de la jeunesse et/ou de
la vieillesse, j'aimerais rappeler le célèbre conseil de
Baudelaire : pour ne pas sentir « l'horrible fardeau du
temps qui brise vos épaules et vous penche vers la
terre, il faut vous enivrer sans trêve. Mais de quoi ?

129

De vin, de poésie ou de vertu »? Que répondriez-vous?

S'enivrer, pourquoi pas? De vin un peu, de poésie beaucoup, de vertu si possible. Mais surtout de lucidité. Apprendre à vivre, c'est apprendre à garder les yeux ouverts.

Laïcité

*« Laïcité et justice sociale vont de pair, selon
une conjonction forte de l'émancipation
républicaine et de la démocratie sociale,
que soulignait déjà Jaurès. »*
Henri Pena-Ruiz

*Nous avons déjà évoqué cette notion dans le cha-
pitre sur la citoyenneté, mais elle mérite d'être appro-
fondie. Comment définiriez-vous rapidement la
laïcité ?*

Il s'agit de la façon dont les membres d'une même
nation adoptent des comportements leur permettant
de vivre ensemble.

*Mais comment fonder le choix entre les diverses
opinions possibles ? Au nom de quoi imposer telle ou
telle attitude ?*

Dans la recherche d'une solution, il faut avant tout
tenir compte de la réalité, c'est-à-dire de l'ensemble
des processus qui se déroulent autour de nous. Ce
que nous en connaissons permet, au nom de la lucidité, d'opter pour certaines règles. Peu à peu, grâce
aux efforts de notre intelligence, ces processus sont
mieux décrits et surtout mieux compris, et nous pouvons alors fonder les règles du comportement sur des

constats objectifs. Avancer dans cette voie, c'est construire une société laïque.

Mais cette compréhension n'est-elle définitivement que partielle?

Oui, et cela est ressenti comme intolérable par certains. Il leur faut une explication globale de leur univers, permettant une justification absolue de leur règle de vie. Cette compréhension sans limite ne peut leur être fournie que par des descriptions incluant l'au-delà, donc par l'acceptation d'affirmations non vérifiables.

C'est ce qu'apportent les religions?

Une société peut par conséquent être décrite comme «laïque» si les règles du vivre-ensemble qu'elle adopte ne sont nullement fondées sur ce qu'affirment ces religions. Dans la mesure où l'État est défini comme l'ensemble des structures qui interviennent dans les rapports entre des personnes, la laïcité implique une séparation des Églises et de l'État.

Cette séparation ne va pas de soi partout.

Elle devrait aller de soi, au contraire, car les deux cheminements menant l'un à l'État, l'autre à la religion, ont des origines et des parcours bien distincts. Pour l'un, il s'agit d'être efficace grâce à une organisation des rôles adaptée aux contraintes du moment; pour l'autre, il s'agit de se conformer à des impératifs moraux édictés souvent à la suite d'une révélation.

Cela aboutit à une certaine schizophrénie collective ?

Oui, leurs sources sont différentes. Lorsque l'État se préoccupe de l'esclavage, ce peut être au nom de l'efficacité, au nom de l'ordre public ou au nom de la définition de la personne humaine. La religion prendra position à ce propos au nom de préceptes édictés par Dieu. Cette schizophrénie est le reflet d'une double interrogation, l'une suivant les voies de la science, l'autre les voies de la foi. Elle ne peut disparaître que grâce à une soumission de l'État, qui accepte de se diluer dans la religion (ce qui semble le cas dans le monde de l'Islam), ou par une attitude plus humble de la religion, qui accepte de ne pas intervenir dans les rapports entre citoyens (ce qui est presque le cas depuis un siècle dans notre pays).

La laïcité porte les valeurs de la liberté de conscience. Est-ce qu'elle ne définit pas un espace de liberté dans lequel l'État justement n'intervient pas ? Mais en même temps, cela ne veut pas dire que l'État reconnaît à chacun le droit d'agir comme il l'entend. N'y a-t-il pas une contradiction ?

Même si elle n'est pas fondée sur des valeurs apportées par une religion, la structure adoptée pour l'État présuppose une certaine éthique. Celle-ci peut être formulée au nom de la lucidité apportée par la connaissance. Cette lucidité nous fait, par exemple, comprendre que la personne humaine est construite en chaque individu par les rencontres qui lui sont offertes. L'espace de liberté que vous évoquez, n'est-ce pas justement le lieu des rencontres ? Je ne vois nulle contradiction entre la défense de certaines valeurs et le caractère laïque de la société.

Vous avez dit plus haut que la laïcité implique la séparation des Églises et de l'État. On pourrait, à ce sujet, faire un bref rappel historique ?

Les événements de 1905, qui ont à l'époque provoqué de graves remous, sont maintenant considérés par tous, et notamment par le clergé catholique, comme fondateurs d'un excellent équilibre. Personne ne préconise un retour à la situation antérieure. Ils ont marqué un progrès pour tous.

Est désormais « public » ce qui appartient à tous les hommes, et « privé » ce qui est commun à certains. Mais tous les aspects de la vie ne sont-ils pas imbriqués ?

Avec la distinction que vous faites, les Églises ne peuvent intervenir que dans la sphère privée, tandis que l'État a vocation à intervenir dans les deux sphères.

La laïcité a d'abord été négative, c'est-à-dire qu'elle se définissait par la neutralité ou l'abstention. Mais neutralité ne veut pas dire hostilité à la religion. La laïcité n'est pas la négation ou le refus des croyances religieuses. C'est le refus d'accorder un privilège à une opinion spirituelle particulière.

134

Cet aspect négatif de la laïcité découle d'un certain déroulement de l'histoire récente. Il se trouve que depuis plus d'un millénaire l'histoire de notre peuple avait été écrite pour l'essentiel par des hommes d'Église. Des événements fondateurs, comme la victoire de Clovis à Tolbiac, étaient présentés comme le résultat d'une intervention divine. Les rois qui lui ont succédé étaient désignés par Dieu lui-même. Disons que c'étaient là des signes d'une maladie infantile aussi bien de la structure civile que de la structure ecclésiale. Dans un premier temps, l'Église a pu se croire victime de sa séparation d'avec l'État. En fait, elle a été amenée à se recentrer sur ses véritables missions.

La liberté de conscience est un principe magnifique. Comment un État laïque doit-il réagir face à la xénophobie, à l'intégrisme, à l'obscurantisme?

Vous posez ici le problème du fondement d'une morale laïque. La difficulté est résumée par la phrase célèbre, déjà citée, de l'un des frères Karamazov, «Si Dieu n'existe pas, tout est permis». Mais cette affirmation est bien arbitraire. Ce qui est à l'origine de la morale n'est pas une volonté, rapportée avec plus ou moins d'exactitude, de Dieu. C'est l'adhésion d'humains à un pacte de vie en commun. Une fois adoptée cette morale laïque, il n'est nullement question de tolérer l'intolérable, ou de rester passif devant l'obscurantisme.

Pas de neutralité de l'État, donc?

Le terme «neutralité» a une connotation déplaisante, évoquant une absence de courage dans l'affirmation des choix que l'on proclame. Il s'agit moins pour un État d'être neutre que d'être clair dans la justification des règles de comportement proposées aux citoyens.

L'État ne peut donc laisser libre cours aux opinions et croyances particulières – et aux pratiques propres aux confessions – qu'à partir d'une acceptation partagée de valeurs communes fondamentales?

Les règles du vivre-ensemble adoptées par une communauté peuvent être qualifiées de laïques si elles ne font référence à aucune foi religieuse. Elles ne peuvent avoir comme source que la recherche de la meilleure lucidité sur la réalité humaine. Cette lucidité est le propre de l'activité scientifique. Celle-ci est commune à tous les peuples. Elle assure donc un minimum de cohérence entre les structures sociales qui se veulent laïques. Avantage considérable par rapport aux religions qui, au contraire, mettent en évidence leurs différences.

La discussion, le débat peuvent favoriser cette recherche de cohérence : c'est ce qu'on appelle parfois la laïcité de confrontation, une laïcité active et non plus passive.

La laïcité ne doit pas être présentée comme un refus des influences religieuses, elle est une recherche jamais aboutie de cohérence entre les règles de comportement proposées aux citoyens et les objectifs affichés. L'exemple de cette recherche toujours recommencée est l'affirmation de la liberté reconnue à tous et au nom de laquelle la société définit des contraintes. Ce qui est difficile c'est d'accepter les arguments des autres.

Préserver l'espace de liberté de l'un nécessite en effet d'imposer des restrictions aux comportements des autres. Y compris dans l'organisation des débats, car la liberté de parole n'est pas suffisante. Il faut pouvoir non seulement s'exprimer, mais être entendu. Ces confrontations ne peuvent être fécondes que si personne ne se targue de détenir «la» vérité; si, par conséquent, une attitude de doute est préservée, ce qui est à l'opposé du dogmatisme et conforme à la laïcité.

C'est pourquoi l'école doit assurer à la fois la transmission des savoirs et l'éducation à la discussion. Elle doit absolument développer l'esprit critique.

Hélas, l'école est trop souvent le lieu où sont assénées quelques affirmations indiscutables. Il faut montrer aux élèves combien le cheminement scientifique est fait de tâtonnements, d'erreurs, de remises en cause, sans pour autant déboucher sur un scepticisme généralisé. Le meilleur exemple est celui des mathématiques. Elles montrent comment la rigueur de la pensée débouche non pas sur deux catégories de propositions, les vraies et les fausses, mais sur trois catégories, la troisième étant celle des indécidables, c'est-à-dire celles qui, ayant pourtant un sens clair, ne peuvent être démontrées ni vraies ni fausses. C'est, me semble-t-il, la preuve que la liberté se gagne en respectant la rigueur. Celle-ci n'est nullement un enfermement, mais un outil pour se libérer des idées reçues, des dogmatismes.

Il n'est cependant pas facile d'intégrer par exemple certains groupes de populations à un monde commun sans pour autant ignorer leurs cultures singulières. Voilà pourquoi l'on assiste parfois à ce que l'on appelle le communautarisme.

Le communautarisme suppose le rassemblement autour d'une idée qui n'est plus remise en doute. La laïcité est donc, par nature, un antidote.

Il faut que « le rationnel l'emporte sur l'irrationnel », selon la célèbre formule de Paul Ricœur. Le problème, c'est que les croyances, les confessions, les convictions, les coutumes l'emportent souvent sur la citoyenneté, sur le « vouloir-vivre-ensemble ». Nous sommes pourtant tous d'abord et avant tout des êtres humains !

C'est en effet en fonction de la définition admise pour l'être humain que l'on peut préciser ce qu'est la laïcité. Pour la religion chrétienne, par exemple, le caractère sacré de chaque homme résulte d'une volonté de Dieu qui, en le créant, l'a doté d'une âme. La laïcité consiste à ne pas adhérer à cette affirmation tout en n'enlevant rien au respect que mérite cette personne humaine. Le caractère sacré n'est plus fondé sur une intervention divine, mais sur la lucidité de notre regard. Cette lucidité nous dévoile la particularité qui fait de l'être humain un objet à nul autre pareil, sa capacité à se savoir être. Or cette capacité ne s'explique guère que par l'insertion de chacun dans une communauté humaine. Pour paraphraser Marx, l'essence de l'humanité se trouve non dans chaque individu, mais dans la communauté. C'est notre capacité à transcender ce que nous a donné la nature qui fonde l'exigence de respect. Cette exigence a pour corollaire l'égalité et la liberté.

Quelle peut être la place du fait religieux dans les programmes d'enseignement?

L'existence des religions est un fait historique. Il serait absurde de ne pas décrire ce fait, comme on décrit les mouvements sociaux, les révolutions, les idéologies...

On ne peut pas ne pas évoquer la question du voile islamique. La nouvelle loi sur la laïcité préconise d'exclure des établissements scolaires les jeunes filles qui portent le voile.

Chaque acte ne peut être jugé qu'en fonction de sa finalité, non de sa nature. Garder son chapeau en entrant dans une église, ses souliers en pénétrant dans une mosquée, n'est scandaleux que par la provocation qui est impliquée. Si le voile est un vêtement porté par coquetterie, pourquoi réagir? S'il est une affirmation d'appartenance religieuse, il est une provocation dans un milieu, l'école, où cette appartenance n'a pas à être connue.

Toute concession pourrait compromettre la sérénité de l'espace scolaire et, par là même, la laïcité. Certaines lycéennes, d'ailleurs, il faut le dire, se réjouissent du fait que la loi du père ne règne pas dans l'école de la République.

Il faut admettre que l'école est un lieu au seuil duquel s'arrête la loi de la famille. En ce lieu se déroule la plus mystérieuse des alchimies, la construction de personnes autonomes, chacune bénéficiant de la rencontre des autres. Cette définition doit rester présente à l'esprit lorsque l'on s'efforce de trouver un équilibre entre des exigences contradictoires.

La loi sur le voile est donc la bienvenue ?

C'est aux religions d'approfondir leurs réflexions sur le rôle des rites, des gestes apparents, qui ont du sens à l'intérieur de la communauté, mais qui ne peuvent qu'être, au mieux, insignifiants dans un contexte plus large. Telle attitude, tel vêtement porteur de symbole au sein de la communauté, n'est plus qu'une gesticulation ou un déguisement une fois transposé à l'extérieur.

On pourrait résumer cette conversation en disant que la laïcité est une sorte de projet commun pour vivre ensemble dans les meilleures conditions possibles.

C'est la culture ouverte à l'universel.

Mondialisation

« L'important, ce n'est pas de vivre,
moins encore de réussir,
c'est de rester humain. »
George Orwell

On parle beaucoup aujourd'hui de « mondialisa-
tion »...

Pardon de vous interrompre, mais remarquons
tout d'abord combien ce terme de « mondialisation »,
souvent utilisé à propos de l'interdépendance crois-
sante de tous les humains, est mal adapté. Il fait référence au « monde », ce qui évoque le cosmos,
l'univers, un ensemble matériel aux limites floues,
peut-être inexistantes. En fait, le « monde » dont il est
question lorsque l'on évoque la mondialisation n'est
qu'un tout petit élément du cosmos, une planète insignifiante qui n'a d'intérêt que pour nous et dont les
limites sont parfaitement connues.

On assiste, disons, à une sorte de « globalisation » ?

Ce que nous appelons mondialisation est essentiel
lement la conséquence directe de la révolution technique qui vient de se produire dans la rapidité des
transports et des communications.

141

Ce changement brutal est totalement inédit.

Totalement inédit! Les déplacements d'objets ou de personnes et les transferts d'information avaient, depuis toujours, eu lieu à la vitesse imposée par la nature aux hommes ou aux animaux.

Rien n'avait changé depuis le début de l'humanité?

Rien. Les armées de Napoléon allaient d'un champ de bataille à l'autre à la même allure que celles de Jules César. Il a fallu plus d'heures pour transmettre à Londres l'annonce de la victoire de Wellington à Waterloo que pour apprendre aux Athéniens la victoire de Marathon. Jusqu'à il y a peu, les dimensions, mesurées en temps de parcours, de l'espace occupé par les hommes n'avaient jamais changé. Soudain, le domaine des hommes a subi un radical rétrécissement, ce qui a eu des conséquences inévitables sur leur façon de vivre ensemble. On peut toutefois distinguer plusieurs étapes.

En deux étapes, en effet, la correspondance entre distance mesurée dans l'espace et distance mesurée dans le temps a été bouleversée. Un premier changement a eu lieu au XIXe siècle avec l'invention des chemins de fer, puis des automobiles, faisant faire un bond à la vitesse des transports; un second au XXe siècle, avec la découverte des ondes hertziennes, faisant faire un bond plus prodigieux encore à la vitesse de la transmission des informations.

L'espace et le temps se contractent?

Exprimée en durée, la dimension de la terre a été fabuleusement réduite : il fallait plus de quatre-vingts semaines aux navigateurs de la Renaissance pour en faire le tour; quatre-vingts jours suffisaient au Philéas Fog de Jules Verne; guère plus de quatre-vingts minutes à Gagarine dans sa capsule spatiale. Mais, surtout, les informations sont désormais si rapidement diffusées que le temps de transmission est pratiquement réduit à zéro. Le rapport entre l'espace et le temps a été bouleversé! La mesure la plus significative d'une distance n'est pas sa longueur exprimée en mètres mais la durée exprimée en heures de son parcours. Peu importe que New York soit à six mille kilomètres de Paris! Ce qui compte dans les rapports entre leurs habitants, c'est qu'il faut six heures pour aller d'une ville à l'autre. Il n'y a plus qu'un seul monde.

Les habitants des diverses nations, des divers continents, vivaient autrefois dans des cadres temporels indépendants; les événements n'étaient pas perçus en référence à un même calendrier. Aujourd'hui, nous avons réalisé la concordance des temps. Les hommes doivent constater que non seulement ils occupent un même domaine spatial, une même planète, mais qu'ils partagent un même domaine temporel. Tous les humains vivants sont, au sens étymologique, « contemporains ». Plutôt que d'une mondialisation, c'est d'une interconnexion et d'une contemporanéité de tous les humains qu'il faudrait parler.

Est-il opportun de parler de village planétaire ?

143

Le concept de village global n'est pas qu'une métaphore : il correspond à une réalité nouvelle. Tous les terriens sont mes voisins.

C'est une révolution.

Une telle transformation des contraintes imposées aux humains est en effet si radicale qu'elle est équivalente à une mutation semblable à celles que décrivent les biologistes. Mais, contrairement aux mutations génétiques qui agissent immédiatement, cette révolution ne fait sentir ses effets dans les pensées et dans les comportements individuels que lentement. Les habitudes, et surtout les organisations sociales, ne tiennent compte du changement de la règle du jeu qu'avec un délai qui se mesure plutôt en générations qu'en années.

Il y a dorénavant une communauté de destin de l'ensemble des humains.

Oui, et cette communauté de destin doit dès à présent être considérée comme un fait, il est inutile de la nier ou de faire semblant de l'ignorer. Elle est une des données à prendre en compte dans nos réflexions sur l'organisation des rapports entre les individus et entre les groupes. Personne ne peut plus se désintéresser des actes des autres, si éloignés soient-ils.

Les effets de cette mondialisation sont parfois dramatiques.

C'est vrai. Les camions qui parcourent la Californie ou l'Europe polluent tant l'atmosphère qu'ils provoquent, à long terme, un changement du climat des Indes ou de l'Afrique. La mondialisation aggrave aussi les inégalités, et se révèle souvent antisociale. Les ouvriers de Thaïlande ou du Bangladesh qui acceptent de travailler pour des salaires de misère créent du chômage en Europe, les spéculateurs des Bourses de New York ou de Francfort ruinent les épargnants d'Amérique du Sud...

On ne peut donc avoir une vision exclusivement optimiste de la mondialisation.

La vision que nous avons de la mondialisation ne peut être optimiste, ce qui signifierait que le cours des choses va spontanément se diriger dans la bonne direction. Mais cette vision ne peut pour autant être désespérément pessimiste, car il faut reconnaître que certaines mises en commun sont bénéfiques, ou plus souvent pourraient l'être si les structures nécessaires étaient efficaces. Tel est le cas lorsqu'il s'agit de lutter contre les maladies. C'est grâce à une action collective impliquant toutes les nations, orchestrée par l'Organisation mondiale de la santé, qu'a pu être éradiqué le fléau de la variole responsable autrefois de plusieurs millions de morts chaque année. On ne peut donc admettre que ce «cours des choses» est définitivement une impasse ou, comme le pensent certains écologistes, qu'il est trop tard pour trouver une issue.

145

Ni pessimiste ni optimiste, donc?

Reste la troisième attitude : ni pessimiste ni optimiste, mais volontariste. Il ne faut surtout pas rêver,
mais fonder notre action volontaire sur la lucidité.

*C'est un mot qui revient souvent dans votre
bouche, la lucidité.*

Elle est essentielle : lucidité face à la réalité actuelle,
lucidité face aux impératifs imposés par la nature, y
compris la «nature humaine».

*Oui, mais les nations se déterminent aujourd'hui
selon une vision du monde qui n'obéit qu'aux lois
d'une compétition acharnée, sans véritable souci d'un
avenir commun.*

Il est de fait que la plupart des sociétés, notamment
celle qui se propose comme modèle aux autres, c'est-
à-dire la nôtre, ont adopté comme moteur de leur
activité la lutte de chacun contre tous présentée
comme une nécessaire compétition. La justification
de cette attitude est fondée sur une théorie économique acceptant comme point de départ la loi du
marché. Assimilée à une loi de la nature, elle est affir-
mée comme une nécessité, alors qu'elle n'est que la
conséquence d'un comportement humain nullement
obligatoire.

Cette théorie est dite «libérale»!

Étrangement, en effet, cette théorie est dite «libérale», alors que le concept de liberté n'a rien à voir
avec la soumission à cette prétendue loi.

L'économie « mondialisée » – en fait le capitalisme généralisé – ne peut qu'accroître le fossé entre les riches et les pauvres, la fracture mondiale. Certains parlent même d'un nouvel apartheid mondial, avec d'un côté une classe d'exclus complètement « déconnectée », et de l'autre une élite « branchée ».

Le principal défaut de cette soumission à la loi du marché, c'est de provoquer une coupure, qui ne peut que grandir, entre ceux qui réussissent et ceux qui échouent. La vie de chacun est jalonnée de luttes contre les autres, organisées, planifiées, imposées par la société. Chacun est en permanence obsédé par l'enjeu. Il faut gagner sous peine d'être rejeté dans la catégorie des incapables, des ratés, des *has been*, des « en trop ». La meilleure représentation de la société actuelle est celle d'une tour de distillation, comme on en voit dans les raffineries de pétrole. Ces tours reçoivent un produit brut et éliminent à chaque étage la partie la plus volatile. Seule parvient à l'extrémité la fraction qui a pu résister à tous les obstacles rencontrés. Le mécanisme de sélection mis en place par le libéralisme fonctionne exactement de la même façon, et cela dès l'entrée des enfants dans le système scolaire. On peut désirer une vie qui ne se résume pas à des batailles éventuellement gagnées, alors que la dernière bataille, celle contre la mort, est perdue d'avance.

L'argument majeur en faveur de ce système libéral à base de compétition est son efficacité.

Dans la confrontation avec d'autres systèmes, tels celui de l'URSS, le libéralisme l'a évidemment emporté. Mais, même s'il est le meilleur au sein d'une société limitée, rien ne prouve qu'il le sera pour l'ensemble de l'humanité. La logique économique d'une planète mondialisée ne peut être simplement extrapolée à partir de la logique d'une de ses parties. Les méthodes mises au point pour organiser les échanges au sein d'une nation tenaient compte des opportunités apportées ou des contraintes imposées par les échanges avec les nations voisines. Au cours de l'Histoire, la richesse d'un pays a souvent moins résulté des productions générées par ses habitants que des biens ou des forces de travail provenant de l'extérieur.

On pourrait donner des exemples?

Le pillage des richesses des pays conquis, tel que pratiqué par l'Espagne au XVIe siècle en Amérique du Sud, ou le trafic des esclaves africains au profit de l'Amérique du Nord au XVIIe, ont provoqué des flux de richesses qui ont camouflé les problèmes des nations bénéficiaires.

Mais ces échanges bénéfiques avec l'extérieur n'existent pas pour la planète prise dans son ensemble.

C'est pourquoi elle ne peut espérer résoudre ses difficultés en important des biens produits ailleurs ou en exportant les déchets dont l'humanité ne sait que faire. Il faut raisonner comme si nous étions définitivement prisonniers d'une île isolée.

On est encore loin de cette prise de conscience. Même les démocraties semblent abdiquer devant le dogme libéral.

L'un des exemples de ce bouleversement de la logique concerne la fixation des prix des biens non renouvelables, ceux que nous offre la nature et que nous détruisons à jamais en les utilisant, comme le pétrole. Jusqu'ici, ce prix résultait d'un marché où s'affrontaient ceux qui avaient la chance de posséder ce bien dans leurs sous-sols et ceux qui voulaient l'acquérir pour satisfaire leurs besoins en énergie. Cette confrontation opposait des individus ou des groupes contemporains pour un partage immédiat. Sur une planète globalisée, le partage de ces biens, que leur usage fait définitivement disparaître, met en confrontation non plus les contemporains entre eux, mais les humains d'aujourd'hui et ceux de l'avenir. Quelle part les premiers ont-ils moralement le droit de s'octroyer sachant qu'ils en privent les seconds ?

La particularité de ce conflit entre intérêts divergents est qu'une des parties en cause n'a pas la possibilité de s'exprimer puisqu'elle n'est pas encore née. Il s'agit donc d'un « marché » dont la concrétisation ne peut être l'équivalent d'une Bourse où chacun défend des intérêts particuliers et immédiats; sont au contraire en question des intérêts collectifs et à venir. Il est donc nécessaire d'imaginer et de mettre en place un mécanisme de décision où les présents seront chargés de la défense de ces intérêts.

Ces mécanismes de décision ne fonctionnant pas actuellement, on a tout à craindre de la mondialisation de l'économie. Certains pays pauvres, pour participer à tout prix à l'économie mondiale, consacrent toutes leurs ressources à cet objectif et sacrifient ainsi leurs besoins de santé et d'éducation.

Ce changement des «conditions aux limites» pourra apporter une occasion de lutter contre l'un des graves défauts du système actuel, qui est en effet de générer des inégalités. L'écart entre riches et pauvres, c'est un fait, s'accentue comme irrémédiablement. Le jeu économique est tel que les riches jouissent d'une grande facilité à devenir plus riches, et les pauvres souffrent d'une quasi-fatalité à devenir plus pauvres. Ce résultat n'est pas dû à une volonté malintentionnée, il n'est que la conséquence nécessaire de la mécanique en place.

On ne peut donc pas lutter?

Le seul moyen de lutter contre ce processus, et parfois d'y échapper, a été jusqu'à présent la révolte des victimes. Le XIXᵉ siècle en donne la démonstration. Il a fallu des luttes violentes et prolongées pour que les ouvriers arrachent peu à peu la limitation de la durée de travail, l'interdiction de l'embauche des enfants, des conditions de travail moins épuisantes. Dans cette lutte, le patronat n'a accepté de reculer que contraint par un pouvoir qui lui était supérieur, celui de l'État.

La politique joue donc un rôle essentiel, car elle seule peut imposer un rythme humain à l'économie.

Les forces qui se sont manifestées grâce à la mise en place d'une démocratie se sont opposées aux forces du marché et l'ont parfois emporté, c'est vrai.

Au niveau planétaire, il faudrait une sorte de « gouvernance globale ».

C'est au niveau planétaire, en effet, que cette lutte doit être menée, ce qui nécessite un État plus puissant que les entreprises mondialisées. Or, dans la mise en place de structures mondiales, le pouvoir économique est, c'est un fait, très en avance sur le pouvoir politique. Les sociétés multinationales s'arrogent des droits qui ne sont limités par aucune structure capable de s'opposer à elles. Dans leur désir de dominer définitivement l'ensemble des peuples, ramenés au statut d'ensembles de producteurs-consommateurs, elles ont même proposé il y a quelques années l'Accord multilatéral sur les investissements (AMI), qui leur permettait d'échapper aux lois des États. Ce projet démentiel, qui aboutissait à vider la démocratie de sa substance, a heureusement été repoussé, mais qu'il ait pu être proposé est révélateur d'une volonté de ramener la mondialisation à la victoire des plus puissants.

L'épisode du projet AMI montre l'urgence de la mise en place d'une structure mondiale authentiquement démocratique.

Oui, c'est-à-dire en charge des intérêts de tous et, répétons-le, non seulement des intérêts de tous les vivants mais des intérêts de ceux qui sont à naître.

151

Les entreprises, qu'elles soient industrielles, commerciales ou financières, ne sont en charge que de l'intérêt de leurs actionnaires. Elles ne disposent d'aucune légitimité et ne sont nullement justifiées pour imposer leurs vues. De même que, dans chaque nation, l'État doit s'opposer à ceux qui détiennent localement le pouvoir économique, il est nécessaire qu'un super-État soit capable de tenir tête à ceux qui le détiennent globalement. Or aujourd'hui ce super-État n'existe pas. L'une des tâches du siècle qui s'ouvre sera de le construire.

Dans l'idée d'un gouvernement supranational, ce qui semble essentiel, c'est l'idée de gouvernement, c'est-à-dire l'aptitude à se donner une constitution et des lois internationales afin que les droits universels de la personne humaine soient respectés.

C'est juste. Le pouvoir mondial ne doit pas résulter de l'extension mondiale du pouvoir d'un État ou d'une culture. Il doit être construit grâce à la confrontation de l'ensemble des États et des cultures. La tâche est si rude qu'il faudra opérer par étapes.

La première étape pourrait être la mise en place d'un système éducatif planétaire.

Cette étape a déjà été entamée il y a un demi-siècle par la création de l'Unesco, que l'on peut considérer comme un embryon du ministère terrien de l'Éducation.

Il ne s'agit pas de nier les appartenances nationale, culturelle ou religieuse, mais de les dépasser. C'est la notion de «cosmopolitisme», si chère à Kant : l'homme doit être considéré avant tout comme un représentant du genre humain dans son ensemble.

Oui, le droit cosmopolite se restreint actuellement aux conditions de l'hospitalité universelle. Si les moyens humains et financiers lui étaient donnés, l'Unesco pourrait permettre à toutes les nations de réaliser une école ouverte à tous conforme aux directives de la Déclaration universelle des droits de l'homme et du citoyen. Cette déclaration constituerait, comme elle devait le faire dans l'esprit de ses auteurs, le socle commun, le noyau dur, accepté par toutes les cultures, à partir duquel celles-ci cultiveraient leurs différences.

Une utopie?

Ce projet n'est pas plus utopique que celui des économistes qui voulaient soumettre tous les États aux intérêts de grandes sociétés multinationales et qui ont failli faire accepter cette aberration au moyen de l'Accord multilatéral sur les investissements. De menace pour les plus démunis, la mondialisation deviendrait un ferment d'espoir.

Nord / Sud

« Sans cesse le progrès, roue au double engrenage, fait marcher quelque chose en écrasant quelqu'un. »
Victor Hugo

Nous venons d'en parler dans le chapitre sur la mondialisation, le déséquilibre entre les riches et les pauvres est immense. Trois milliards de personnes vivent sous le seuil de pauvreté. C'est le Nord contre le Sud ?

L'un des nombreux romans de Jules Verne a pour titre *Nord contre Sud*. Ce « contre » est vraiment d'actualité, mais les mots « Nord » et « Sud » sont employés abusivement. Il se trouve que la véritable opposition, celle qui répartit les humains en deux camps en lutte, n'est que partiellement liée à la géographie. Elle met face à face non les habitants des deux hémisphères, mais les nantis et les démunis.

La fracture est telle qu'elle est choquante, révoltante !

Les statistiques abondamment diffusées montrent que l'inégalité dans l'accès aux ressources atteint un niveau monstrueux : les quelques centaines de personnes

155

les plus riches totalisent des revenus supérieurs à ceux du milliard d'hommes les plus pauvres. Ce constat est évidemment plus que choquant! Mais le pire est que cette différence s'accroît chaque année. Elle est donc le fruit d'un processus qui inexorablement enrichit les uns et appauvrit les autres. La lutte nécessaire doit donc être dirigée moins contre la situation actuelle que contre les mécanismes qui l'ont provoquée.

Pour améliorer le sort de ces personnes démunies, il faudrait changer radicalement notre manière de vivre, de consommer?

Cette situation n'est évidemment pas le résultat d'une contrainte imposée par la nature. Ainsi la Terre produit, grâce au travail des hommes, assez de nourriture pour satisfaire les besoins de tous. Si des millions d'enfants meurent de faim ou ont un développement insuffisant faute d'une nourriture adaptée, la raison en est une inégale répartition des ressources. Le problème à résoudre – nous l'avons déjà dit – n'est pas technique mais politique.

En tout cas, la misère n'est pas une fatalité!

Le recours à l'idée de fatalité est, le plus souvent, une manière de camoufler la responsabilité humaine. Mieux vaut évoquer les contraintes qu'impose à nous la finitude de la planète. Certes, il faut tenir compte de ces contraintes, mais elles doivent être perçues comme des incitations à l'imagination. Il nous faut les surmonter, non les accepter passivement.

Que pensez-vous du PNUD (Programme des Nations Unies pour le développement humain), qui considère qu'aucun être humain ne devrait être privé d'eau potable, d'air pur, de santé publique et d'éducation ? C'est ce que l'on appelle les « biens publics mondiaux ».

Ce concept de « bien public » est une extension de celui de « patrimoine commun de l'humanité » proposé par l'Unesco. Il ne s'agit pas seulement de préserver les chefs-d'œuvre produits par les humains, mais de garantir à tous l'accès aux moyens de satisfaire les besoins de leur organisme (l'air, l'eau, la santé) et simultanément aux outils nécessaires pour créer leur propre personne (l'éducation).

Ce qui compte, c'est le développement humain. Trois critères permettent de le mesurer : le niveau d'instruction, l'espérance de vie et les revenus des femmes. Vous approuvez ces critères ?

L'espérance de vie permet de synthétiser la réussite ou l'échec concernant les autres critères, le niveau d'éducation mesure l'efficacité du système scolaire. Quant au revenu des femmes, il caractérise l'attitude collective face à ce racisme fondamental qu'est la domination du sexe masculin.

Mais comment construire un ordre international ? Vous avez en partie répondu dans le chapitre précédent. Peut-être pourriez-vous ici compléter cette réponse ?

Il ne peut y avoir un ordre international stable que si une partie des préoccupations des États sont dévolues à un organe de pouvoir commun à tous. Après l'échec de la Société des Nations, torpillée durant les années 1920 par les États-Unis, qui avaient pourtant participé à sa création, après l'enlisement de l'ONU en raison de l'attitude des mêmes États-Unis durant les années 2000, il est clair qu'il faut aujourd'hui faire preuve d'imagination pour mettre en place un espace de rencontre à la disposition de tous les peuples, une agora des États. Pour commencer par un geste symbolique, il devrait être possible de délocaliser le siège de l'ONU, étrangement installé à Manhattan, à côté de Wall Street ! Pourquoi ne pas le construire, par exemple, à Jérusalem ?

Il faudrait peut-être d'abord se défaire de l'illusion du progrès, le seul véritable progrès étant une idée de l'être humain, le respect de sa dignité.

L'ambiguïté du mot «progrès» vient de l'époque où il était synonyme d'avancée technique. Depuis toujours, nous avons salué avec bonheur les inventions qui accroissaient l'efficacité de nos gestes, que ce soit pour détruire ou pour construire. Dans deux domaines au moins nous avons découvert récemment que cette synonymie était trompeuse : la guerre, avec la mise au point de la bombe nucléaire permettant le suicide de l'humanité, et l'étude de la vie, avec la découverte des secrets de l'ADN permettant la manipulation des êtres vivants, dont les humains. Il ne s'agit pas de regretter les découvertes théoriques qui ont permis ces exploits techniques, encore moins de faire semblant de les oublier. Il nous faut continuer à vivre en sachant que le secret de la bombe est dans un tiroir et que nous nous interdisons de l'ouvrir. L'important est donc de définir collectivement ce que nous nous permettons et ce que nous nous interdisons, et pour justifier ce choix de préciser l'objectif. L'humanité ne peut rester immobile, elle est nécessairement en marche. Vers quoi ?

Un monde aussi marchandisé que le nôtre ne peut que nous éloigner des valeurs de justice, de solidarité entre les peuples, de souveraineté alimentaire, par exemple, et donc de dignité humaine.

Dès qu'un bien est « marchandisé », il devient hors de propos d'évoquer à son sujet des concepts tels que ceux que vous évoquez, justice, dignité... Il faut choisir : ou bien l'on admet la logique du marché, qui n'est rien d'autre que l'acceptation de la loi du plus fort, ou bien l'on recherche une répartition organisée collectivement en fonction d'autres critères.

L'OMC (Organisation mondiale du commerce), depuis sa création, n'a pas fonctionné au bénéfice des pays en voie de développement. Certains engagements n'ont même pas été respectés.

Une répartition plus équitable pourrait être le rôle d'organismes comme l'OMC. Mais ils sont en réalité sous la dépendance des États les plus puissants qui ont mis les pays pauvres en coupe réglée.

On pourrait mettre le commerce au service de la lutte contre la pauvreté, en changeant fondamentalement sa logique, qui ne serait plus libérale mais fondée sur la solidarité et le développement.

Même sans changer de logique on peut retourner les raisonnements qui justifient actuellement l'appauvrissement des plus pauvres.

Que deviendrait alors la fameuse dette des pays en voie de développement?

Il est utile de revenir ici sur le problème de la dette des pays d'Afrique noire. Il y a deux ou trois siècles, ils ont fourni les esclaves qui ont permis la mise en valeur des territoires d'Amérique du Nord. Le nombre des femmes et des hommes ainsi arrachés à leur continent est évalué à deux ou trois millions. Il serait logique d'admettre que les nations bénéficiaires ont de ce fait contracté une dette qu'elles devraient aujourd'hui rembourser. Le calcul de son montant devra tenir compte des intérêts durant, disons, deux cent cinquante années au taux de trois pour cent. En évaluant chaque esclave à seulement cent euros, le montant de cette dette se monte à $2\,000\,000 \times 100 \times 1{,}03^{250}$ soit 300 milliards d'euros. Même en ne donnant qu'une aussi faible valeur à chaque esclave, la dette *du* Mali ou *du* Bénin se trouve transformée en une dette *au* Mali et *au* Bénin. C'est par la reconnaissance de cette dette que devrait débuter toute discussion entre le Nord et le Sud.

Les rapports de force économiques sont de surcroît défavorables à la paix : les tensions internationales, le terrorisme se nourrissent des inégalités, de la pauvreté.

Face au terrorisme, il est évidemment nécessaire de lutter dans l'immédiat en s'opposant à cette violence, mais il faut simultanément s'interroger sur ses causes, si l'on veut l'éradiquer durablement. Ces causes tiennent en partie à l'extrémisme des adeptes de certaines sectes ou certaines religions, mais le trait commun de tous ces mouvements de révolte est d'être alimentés par le désespoir. Tant que certains groupes humains sont enfermés dans une situation sans avenir, tant que des hommes et des femmes ne pourront bâtir pour leurs enfants un lendemain plus supportable, rien ne pourra les dissuader de détruire par tous les moyens, y compris leur suicide, la société qui les opprime. La Palestine en est actuellement l'exemple le plus clair.

Le Nord/le Sud, les pays riches/les pays pauvres : cette opposition a du sens, mais ces frontières, vous l'avez dit au début de cet entretien, ne sont pas exclusivement géographiques, elles sont aussi sociales. Il ne faut surtout pas l'oublier. Il y a de la misère au Nord, dans les pays dits riches.

Les groupes humains enfermés dans une situation sans avenir ne sont pas seulement des ensembles géographiques, des États, ce sont aussi des ensembles de personnes soumises aux mêmes contraintes. Il me semblerait opportun de redonner sa place, en l'actualisant, au concept de classe proposé par Marx. Il s'agissait alors de la solidarité de fait résultant de

161

soumissions semblables à des patrons exploitant les travailleurs. Il s'agit aujourd'hui de la soumission à une façon de vivre sournoisement imposée (par la mode) et surtout à une façon de penser souterrainement suggérée (notamment par la télévision). Le mot d'ordre de la révolution à préparer pourrait devenir : « Téléspectateurs de tous les pays, unissez-vous pour ne plus supporter de n'être que des téléspectateurs ! » Que le message de cette pensée unique puisse se résumer dans la consigne « consommez » est le signe du fourvoiement de la pensée économique. Il s'agissait au départ de réfléchir à la meilleure façon de produire et de répartir, il ne s'agit plus que de détruire.

Parmi les pays du Sud les plus menacés par le sous-développement, il y a bien sûr l'Afrique, qui connaît aujourd'hui de graves difficultés avec le sida. Comment peut-on aider ces pays ?

Le cas de l'Afrique est en effet exemplaire. Il ne faudrait pas aider ce continent avec compassion, mais régler nos dettes à son égard avec justice. Il faut surtout lui permettre de trouver en lui-même les voies d'un renouveau.

La notion de « développement durable » vous paraît-elle intéressante ?

Cette notion est essentielle à condition de poser la question : quelle sorte de développement peut être durable ? Il est clair que si développer signifie accroître la consommation des biens non renouvelables, ou à un rythme excessif les biens renouvelables, alors ce développement ne peut être durable. Par chance, les biens les plus précieux sont produits par des organismes qui ne consomment guère que le temps de ceux qui y agissent : les systèmes judiciaire, sanitaire, éducatif peuvent être développés sans tarir les ressources de la planète. Mais ces activités, vues par les économistes, ont un coût, alors que les biens qu'elles produisent, justice, santé, intelligence, n'ont pas une « valeur » mesurable.

Vous partagez la remarque d'Elie Wiesel qui déclarait un jour : « Tant que des enfants meurent de faim, ma dignité est flouée. »

Cette solidarité va bien au-delà. Si un enfant quelque part n'est pas respecté, ma dignité est flouée.

Opinion

« L'opinion pense mal, elle ne pense pas. »
Gaston Bachelard

Chacun revendique le droit d'avoir des opinions. Mais le terme même d'«opinion» pose problème, car elle est avant tout fondée sur des impressions, des sentiments voire des croyances. L'opinion ne «pense» pas, dit Bachelard.

Peut-être pourrait-on définir l'opinion comme l'état de la pensée avant que l'activité intellectuelle n'ait fait intervenir le raisonnement. Définition qui est bien proche de celle de Gaston Bachelard. Il s'agit d'un matériau encore brut, d'un conglomérat pas encore ordonné, ni structuré, d'idées qui n'ont pas été passées au crible de la critique.

Je ne revendique pas la liberté d'opinion. L'expression publique de certaines opinions est d'ailleurs, à juste titre, interdite par la loi (ainsi les opinions racistes ou révisionnistes). Je revendique en revanche la liberté de tenir des raisonnements, d'argumenter à propos de toutes les opinions.

165

*La liberté de pensée. La recherche de la vérité exige
donc la critique de l'opinion, c'est-à-dire de tous les
jugements sans fondement rigoureux ?*

L'exercice de la pensée a pour but de préciser le
regard que nous portons sur la réalité. Au départ,
nous n'avons que des informations partielles, plus ou
moins cohérentes. Elles nous permettent de nous
faire une « opinion ». Mais ce n'est là qu'un cache-
misère de notre absence de compréhension. L'absence d'information précise, le flou d'une opinion ne
rendent pas impossible l'introduction d'un raisonnement scientifique. C'est ce qu'on appelle le raisonnement probabiliste, raisonnement qui a justement pour
objet de tenir compte avec rigueur du flou des données disponibles. Il déroule les conséquences d'une
ambiguïté initiale.

Peut-on donner un exemple ?

Ce dé tombera-t-il sur le nombre 4 ? Je l'ignore,
mais, d'après mon opinion, il a autant de chances de
tomber sur chacune des six faces ; j'accorde donc au
nombre 4 la probabilité 1/6. Après quoi je tiens
compte de cette probabilité pour prendre les décisions qui impliquent cet événement. Toute une discipline peut ainsi être développée permettant de
décider au mieux devant l'incertain. L'opinion n'est
pas récusée, elle est utilisée sans illusion comme sans
hypocrisie.

Grâce aux probabilités, le hiatus est moins net
entre ce qui est connu et participe au déroulement de
la pensée, et ce qui n'est que la traduction d'une

vague opinion. En fait, on peut réhabiliter l'opinion en la considérant comme une information entourée d'un halo d'imprécision. Mais ce halo n'est jamais totalement absent. La certitude n'est que la prétention d'éliminer ou de ne pas considérer ce halo.

Ces jugements de valeur subjectifs sont-ils inévitables, en tout cas dans un premier temps?

Une opinion n'implique pas nécessairement un jugement de valeur. «Il va pleuvoir demain» est une opinion pour moi, une quasi-certitude pour la météo, mais cela n'implique aucun jugement. Il serait préférable de dissocier dans ce terme d'une part le flou de la description du réel, d'autre part l'adhésion à telle attitude face à ce réel. La pluie de demain est désolante pour moi qui suis en vacances, elle est bienfaisante pour l'agriculteur victime de la sécheresse. La différence d'opinion entre le paysan et moi n'est pas de la même nature que celle qui existe entre la météo et moi.

On s'abrite souvent derrière l'avis du plus grand nombre, comme si l'opinion majoritaire nous influençait forcément.

Un nouveau sens du mot «opinion» apparaît ici avec l'introduction de la communauté humaine à laquelle on appartient. Il s'agit maintenant d'une réalité à la fois subjective et collective. Elle n'est définissable qu'en la situant non pas dans la pensée des divers individus concernés, mais dans les rapports qu'ils entretiennent. C'est cette insertion dans le tissu des relations entre personnes qui donne sa puissance à une idée largement partagée. Elle parvient à chacun par de nombreux canaux, ce qui rend difficile l'exercice de la critique. Ainsi naissent et se répandent les rumeurs.

L'esprit critique est hors jeu !

C'est une forme de paresse largement partagée. Il est si rassurant de s'abriter dans le conformisme des idées presque unanimement partagées. Il faut savoir ne pas se contenter de ce douillet endormissement de l'intelligence. Cela s'apprend, notamment à l'école. Il faut que le système scolaire insiste sur la nécessité de se méfier de l'uniformité, et surtout des mouvements de foule par lesquels il est si agréable de se laisser emporter.

C'est le but de l'enseignement de la philosophie, la formation de l'esprit critique.

Bien sûr. L'enseignement de l'histoire devrait également être l'occasion de réfléchir aux erreurs collectives commises au nom d'une idéologie en « -isme ».

L'homme dit « de masse », justement, peut être fasciné par ce genre d'idéologie ou par une quelconque superstition.

Le pire, dans les phénomènes de masse, est qu'ils s'autoentretiennent, se justifient par le fait même qu'ils existent. Un sondage d'opinion peut légitimer une idéologie douteuse. C'est ainsi que le plus ignoble de nos proverbes, « Il n'y a pas de fumée sans feu », participe à ce déferlement de l'obscurantisme. En se servant de cet aphorisme, l'on peut justifier n'importe quel soupçon, donner un peu de crédibilité à n'importe quelle annonce présentée comme une information.

C'est tout le problème des sectes.

Oui. Les sectes finissent par influencer l'ensemble d'une société alors que leurs affirmations ne reposent que sur du néant. Là encore, l'enseignement a un rôle crucial à jouer, notamment en présentant la science comme un exercice de rigueur critique et non comme un amoncellement de données.

Il faut combattre les idées reçues.

Ce combat est entre la recherche de la vérité toujours provisoire et parfois douloureuse d'une part, et l'obscurantisme qui se satisfait d'idées reçues d'autre part. Comprenons que cette opinion toute faite qu'il est si confortable d'accepter est, face à la réalité, ce qu'est un produit surgelé face à un produit frais. Certes, le premier peut être conservé longtemps alors que le second est périssable. Mais il est figé, mort. De même, une idée reçue, toute faite, qui n'est pas le résultat d'un cheminement personnel, constitue souvent plus un obstacle qu'une incitation à la réflexion.

C'est d'ailleurs pourquoi Descartes, tout comme Socrate avant lui, ont tenté, l'un par le doute, l'autre par l'ironie, de traquer les préjugés qui sont, vous l'avez dit, des obstacles à la vérité.

169

Pour le scientifique comme pour le philosophe, la réaction face à une affirmation ne peut être que le doute. Cette affirmation, quel qu'en soit l'objet, est le résultat d'un cheminement, d'une observation, d'une déduction. L'important n'est pas d'absorber l'aboutissement, mais de parcourir le même chemin, en manifestant à chaque pas le désir de s'interroger.

Il y a tellement de tentatives d'abrutissement, tellement d'imposteurs! Les marchands de chimères prolifèrent. L'astrologie a même pénétré le milieu des entreprises : selon le cas, on embauche un Verseau plutôt qu'un Taureau. Vous n'êtes pas horrifié par de telles dérives?

L'astrologie est sans doute le meilleur exemple de l'accumulation des données au service de l'absurdité! Les astrologues multiplient les références à des planètes, à des alignements, à des conjonctions, et en tirent des conséquences qui n'ont aucun lien avec ces observations. Il est sans doute vrai que Jupiter et Saturne étaient dans telle constellation lorsque je suis né, mais le vrai problème est de savoir par quel processus ces positions auraient une influence sur mes amours ou ma carrière. À défaut d'une explication causale, du moins pourrait-on attendre des astrologues des constats de corrélation entre ce qu'ils voient dans les astres et les comportements ou aventures humains. Si les natifs du Verseau étaient plus que d'autres doués pour les mathématiques ou pour le cent mètres, il serait facile d'en faire la démonstration statistique. Pourquoi les fervents d'astrologie ne s'en sont-ils pas préoccupés? La reculade de quelques chefs d'entreprise devant d'aussi évidentes stupidités est une des mesures de la démission de notre société devant l'irrationnel.

La spiritualité de bazar se vend bien! Mais il y a plus grave . ce sont les thèses négationnistes, parfois enseignées à l'université!

Les négationnistes refusent de regarder en face une page monstrueuse de l'histoire des hommes. Ce refus de lucidité est autrement plus grave en effet que les affabulations des astrologues. La complaisance de certains collègues universitaires est une véritable trahison. Lorsqu'il s'agit de faits constitutifs du parcours de l'humanité, toutes les vérités doivent être dites.

On voit là le danger de l'opinion. La pensée seule peut lutter contre la barbarie. L'intelligence contre la bêtise. Mais qu'est-ce que l'intelligence?

Le cerveau humain est une machine construite pour l'essentiel de façon aléatoire. Rappelons que, entre sa naissance et sa puberté, un enfant met en place plus de deux millions de connexions cérébrales, les synapses, à chaque seconde. Fruit du hasard, cette machine doit, pour devenir performante, être structurée; des circuits préférentiels doivent être tracés. Au départ, elle n'est capable que de recueillir des sensations, puis d'élaborer à partir de ces sensations des constats; ces constats sont à l'origine de raisonnements qui donnent accès à la compréhension. Devenir un être humain, c'est en particulier construire cet outil qu'est l'intelligence. Tel est le rôle de l'éducation.

La crise de la pensée, on la rencontre dans tous les domaines. En politique, par exemple. La politique-spectacle discrédite ce qu'est réellement l'engagement politique.

Notre société généralise le surgelé non seulement dans certains rayons de supermarché, mais aussi dans l'activité intellectuelle des citoyens. L'interrogation, trop inconfortable, est remplacée par l'accumulation de réponses déjà formulées. Le « prêt-à-croire » est proposé, pour pas cher ; enrubanné de formules pimpantes, il dispense de la recherche personnelle d'une voie nouvelle et discrédite le militantisme. La politique est peut-être le domaine où l'unidimensionnalité fait le plus de ravages. En France, la projection de la diversité réelle des projets sur l'axe unique gauche-droite ramène la richesse des objectifs à une caricature dépourvue de sens et décourage l'engagement.

Le problème vient en grande partie du fait que les médias commerciaux préfèrent l'émotionnel ou l'irrationnel à la réflexion, car cela fait plus d'audience. C'est une gigantesque entreprise de séduction et de manipulation ?

Oui, il faut séduire, ce qui nous plonge dans l'irrationnel ! La dégradation de la pensée qui fait passer de la compréhension à l'émotion est une conséquence du choix de notre société pour le « marché ». Rien ne peut exister qui n'ait une valeur, et la valeur résulte du jeu des tractations du marché. Du coup, le seul objectif valable est de participer efficacement à ce jeu en employant tous les moyens disponibles. L'appel à l'émotion est, de toute évidence, plus immédiatement efficace que l'appel à la raison.

Il faut donc apprendre à distinguer les éléments de connaissance et d'information de la mise en scène. En somme, apprendre à résister. « Penser, c'est dire non », disait Alain.

La formule d'Alain que vous rappelez me fait me souvenir du conseil qu'André Gide donne à la fin des *Nourritures terrestres* : « Si tu m'as compris, tu me jettes. » L'essentiel d'un enseignement n'est pas son contenu, il est l'attitude intérieure qu'il provoque chez l'enseigné. Quand le professeur d'histoire rappelle que la bataille de Marignan a eu lieu en 1515, il n'apporte rien de vraiment utile s'il ne provoque pas chez l'élève la question : « Qu'allait donc faire l'armée du roi de France à Marignan ? » Oui, il faut apprendre à résister, y compris à l'enseignant

Mais il est difficile de devenir un téléspectateur actif et responsable. Lorsque l'on privilégie le spectacle, il n'y a plus de débat. L'habitude même du débat se perd, l'esprit critique se perd.

Cette régression est, il est vrai, illustrée par le rôle croissant de la télévision dans l'information. Ce que l'on appelle un événement est le plus souvent inaccessible à l'image. La guerre devient un spectacle pour émouvoir l'opinion. La guerre, le tsunami, la canicule... L'hécatombe de vieillards durant la canicule de l'été 2003 est un véritable événement, mais aucune image ne peut le décrire. Tout au plus peut-on illustrer les informations données à ce sujet en montrant un stock de cercueils ou une vue d'un cimetière. Mais ces images sont porteuses d'émotion, non d'information. Elles n'apportent rien qui puisse être source de réflexion. Les mots, les phrases ont été forgés pour transmettre des faits et des idées. Ils les décrivent en respectant l'abstraction qui leur donne sens ; ce que ne peut faire l'image lorsqu'elle est plongée dans l'actualité.

Les préoccupations mercantiles l'ont une fois de plus emporté sur les préoccupations politiques ou spirituelles.

La perversité des préoccupations mercantiles atteint son comble lorsque les événements sont dictés par les images que l'on veut en diffuser. Ainsi lors du débarquement des troupes américaines en Somalie, qui a été reporté pour être en direct sur les écrans à l'heure de grande écoute.

C'est une tentative de falsification de la vérité. Il y a un risque de déréalisation du monde.

La confusion entre le réel et le virtuel, entre l'objet et son image, entre un geste et la représentation du geste, est le pire danger. Cette confusion était autrefois regardée comme un désordre psychiatrique ; on y plonge aujourd'hui délibérément les jeunes en les gavant d'« images qui bougent ».

N'y a-t-il pas un risque d'abrutissement avec ce qu'on appelle aujourd'hui la téléréalité ?

Le mot «abrutissement» n'est pas trop fort. Il s'agit bien d'une destruction programmée de l'activité intellectuelle des spectateurs. Les mots employés eux-mêmes avouent cet objectif. Comment oser parler de téléréalité alors que cette prétendue réalité n'est qu'un leurre, une situation artificielle mise en place de façon plus ou moins perverse.

C'est le triomphe de la séduction sur l'éducation : plaire au plus grand nombre. Mais un peuple igno-rant, on le sait, est une proie facile pour les tyrans.

On assiste à une véritable régression vers une société à la romaine où le tyran pouvait imposer sa dictature grâce au pain et au cirque offert au peuple. La recrudescence des spectacles de corrida est un autre signe de cette régression. Au système éducatif de réagir.

Qu'est-ce qui fait, en fin de compte, la différence entre une connaissance vraie et l'opinion ?

Le système éducatif devrait enseigner que la connaissance s'accompagne du doute, qu'une opinion n'a de signification que par la remise en cause qui l'accompagne. Vivre nécessite de prendre parti, d'agir en choisissant une direction, mais il faut accepter que les convictions justifiant ces choix soient révisables, et surtout soient ouvertes à la critique.

Paix

« Il n'y a de paix qu'entre esprit et esprit. »
Alain

La paix est difficile à établir, mais aussi difficile à penser. La définition courante du dictionnaire – « absence de conflit, absence de violence » – est insuffisante. Au prix d'une répression sévère, on peut obtenir une forme de paix sociale. Mais que vaut une « paix » issue de la terreur totalitaire, par exemple ?

Il est clair que la définition du dictionnaire : « Paix, état d'une nation qui n'est pas en guerre » est pire qu'insuffisante. Elle trahit la pulsion qui se manifeste en nous lorsque nous aspirons à la paix. Ce que nous désirons alors – que ce « nous » soit personnel ou collectif – englobe à la fois un calme intérieur qui soit compatible avec la dynamique de la construction de nous-mêmes et une ouverture aux autres qui soit riche de toutes les différences.

Il n'y a de véritable paix que si les désirs sont satisfaits. La paix sociale que vous évoquez peut certes être obtenue par la terreur ; lorsque personne ne peut s'exprimer : « L'ordre règne à Varsovie ! » Mais le bouillonnement des esprits prépare alors des soubresauts à venir. Rien ne sert de camoufler les tensions qui nous opposent à nous-mêmes ou de nier les conflits qui surgissent au cours des rencontres. Tendre vers la paix, c'est utiliser ces tensions pour alimenter notre sérénité, c'est profiter de ces conflits pour nous enrichir de la vision de l'interlocuteur. Semblable à un « point oméga », la paix n'est pas une réalité que l'on s'efforce de perpétuer ; elle est un horizon inatteignable vers lequel on se dirige.

On doit aussi se méfier des « paix » qui n'en sont pas, le conformisme, l'indifférence, la passivité, la paresse, qui témoignent de la mort de l'esprit ou de la lâcheté des hommes. Le conflit en ce sens n'est pas une mauvaise chose, bien au contraire.

Les formes de paix que vous présentez sont aussi éloignées de la paix que je viens de définir que les rites d'une religion sont éloignés de la foi qu'elle propose. Il ne reste plus qu'un vide, une absence qui fait oublier le contenu du message initial. Il ne faut pas éviter les affrontements, mais faire de ceux-ci une occasion de rencontre en comprenant avec ce mot une lutte « front à front », c'est-à-dire intelligence face à intelligence et non une lutte force contre force.

Les affrontements sont en effet inévitables : il est difficile de vivre avec les autres. C'est l'« insociable sociabilité » des hommes, selon la formule de Kant.

Cette insociabilité peut être considérée comme une donnée du problème à résoudre, comme le point de départ de la recherche douloureuse d'une réponse à la question : comment vivre ensemble ? Toute vision angélique empêche la lucidité : il faut d'abord être réaliste. Il est difficile de vivre avec les autres.

Mais ce constat doit être accompagné d'un autre constat, tout aussi réaliste : il est impossible de devenir soi sans les autres. Cette prise de conscience est nécessaire. Nous pouvons, à certaines phases de la construction de nous-mêmes, être tentés par un splendide isolement; mais ce n'est que transitoire. Je ne crois pas que l'attitude du stylite réfugié sur sa colonne puisse représenter d'autre sentiment qu'un orgueil démesuré.

L'entente avec les autres résulte donc d'un apprentissage, d'un effort soutenu. La paix n'est pas chose aisée car elle n'est pas quelque chose de naturel.

À sa naissance, le bébé humain ne sait rien faire d'autre que téter. Tout ce qu'il fera ensuite nécessite un apprentissage. Aucune des performances qu'il deviendra capable de réaliser ne lui est naturelle au sens où elle lui serait dictée par sa dotation génétique. Tout résulte d'un effort rendu fécond par le contact avec les autres. Il est donc vrai que l'entente soit le fruit d'une éducation. Mais cela est vrai tout autant de la mésentente.

Cela fait débat. Certaines études ont mis en évidence les bases neurologiques de l'agressivité et certaines conditions hormonales qui la favorisent, comme si la violence était indissociable du processus d'affirmation et d'évolution de la vie. « Il est vain de vouloir

supprimer les penchants agressifs de l'homme », disait
Freud. La violence serait naturelle ?

La force physique, l'énergie qui est fournie par les
divers métabolismes peut être qualifiée de « naturelle », non la violence qui implique une intention de
nuire à l'autre. Ce que la nature nous donne est un
ensemble de recettes biologiques inscrites dans notre
dotation génétique. Les « instincts », les penchants ne
sont que le résultat d'une interaction entre ces
apports et ceux de l'aventure vécue (y compris au
cours de la vie intra-utérine). Freud n'a pas, hélas,
incorporé la génétique dans sa vision de l'homme.

*Peut-être. Mais il a comme vous mis au premier
plan le rôle de l'éducation, en expliquant que, plutôt
que de contenir ou de refouler l'instinct d'agression,
mieux vaut libérer cette énergie, la canaliser, la déplacer vers des formes constructives, c'est-à-dire la mettre
au service de la civilisation.*

L'aventure vécue que j'ai évoquée n'est pas seulement passive, bien sûr. Dès qu'un enfant devient
conscient de sa propre existence, il intervient lui-
même dans son déroulement. C'est alors qu'il faut
l'aider à choisir les directions où il canalisera son
énergie. C'est en effet le rôle de l'éducation.

*Pourrait-on aller jusqu'à dire que la paix se réalise
par le conflit ? Comment mettre un terme à l'oppression, par exemple ? En luttant, en se battant, en résis-
tant ? « Le non-violent qui ne fait rien pour combattre
les injustices dont il est témoin est un violent »*, disait

Mgr Camara, archevêque du Brésil. Certains disent même que la guerre peut parfois revêtir une signification spirituelle.

Combattre les injustices nécessite-t-il le recours à la violence ? Gandhi, lui, a essayé de ne pas entrer dans cette spirale vicieuse. Je n'imagine pas qu'une guerre, surtout avec le caractère technique qu'elle a nécessairement désormais, puisse dégager une signification spirituelle. Pour l'emporter sur l'adversaire, il faut d'abord mettre un bâillon à tous ceux qui formulent des interrogations. Il faut devenir un intégriste de sa cause. Comment une signification spirituelle pourrait-elle s'insérer dans ce processus hallucinogène ?

La violence pour répondre à la violence, ce n'est sans doute pas une bonne solution. La guerre ne peut être qu'un mal nécessaire : une guerre de libération, par exemple. Ce qui est sûr, c'est que le conflit est le moteur de l'évolution du droit, la discorde des hommes rendant nécessaire la régulation de leurs rapports.

Cette évolution du droit ne peut être féconde que dans la phase où le conflit renonce à la violence. Tant que la violence sévit, le seul droit qui prévaut est le droit du plus fort. Il vaudrait mieux se passer des épisodes de discorde plutôt que de les utiliser à améliorer les moyens de résoudre les discordes.

L'histoire est le lieu où la raison de l'homme se développe. En ce sens, la paix est une exigence de la raison. *Le pacifisme n'est pas un déni de la réalité, mais une pratique active d'actions qui vont changer le monde.*

Oui, comme déjà constaté, la paix n'est pas un état stable qu'il suffirait de figer, elle est dynamique, un processus s'efforçant sans relâche d'éviter les actes destructeurs. Cela suppose une veille, une volonté permanentes.

Quels sont, à votre avis, les meilleurs alliés de la paix ? La démocratie, la laïcité ?

Le meilleur allié de toute cause favorable à l'humanité est la lucidité.

Et le pire ennemi de la paix ?

L'ignorance. Peut-être est-ce le critère de la valeur d'une cause. Celle-ci est renforcée par toute avancée vers un peu plus de lucidité.

Comment pourrait-on créer aujourd'hui les conditions politiques de la paix dans le monde ? Comment réglementer les relations des États entre eux ? Le droit international vous paraît-il être la bonne voie ?

La petitesse de notre planète, la croissance de notre effectif rendent nécessaire une structure organisée des collectivités aux divers niveaux : communes, régions, États, continents. La tentation actuelle est de mettre en place une structure en forme de pyramide hiérarchique à la façon des armées dont la discipline constitue la force première. Alors adieu la liberté !

Une structure en réseau permettant les ajustements locaux, compatible avec les doubles appartenances, peut seule préserver des possibilités d'autonomie. Ce n'est pas le chemin le plus facile, mais il faut l'explorer si l'on désire une véritable paix.

La crainte d'une guerre future tellement destructrice pour l'ensemble de l'humanité n'est-elle pas plus dissuasive que les meilleures organisations internationales? La crainte d'un danger commun à tous les hommes ne pourrait-elle pas finalement – enfin! – les unir?

Je ne parviens pas à admettre un rôle favorable des dangers pour l'humanité provoqués par les armes que nous avons nous-mêmes mises au point. Elles n'aboutissent qu'à des situations de non-guerre qui peuvent se révéler instables et déboucher, par accident, sur une catastrophe. Il existe suffisamment de dangers imposés par le cosmos. Les catastrophes naturelles, les épidémies peuvent jouer un rôle dans la prise de conscience de la nécessité d'être solidaires.

C'est exactement ce qui s'est passé au moment du drame causé par le tsunami en Asie du Sud-Est.

Inutile d'y ajouter des bombes nucléaires ou des gaz asphyxiants. Nous sommes d'ailleurs – nous en avons déjà parlé – face à un danger qui menace tous les humains : la destruction accélérée des ressources non renouvelables et la pollution des océans et de l'atmosphère. Le jour où nous aurons compris combien ce danger est menaçant et proche, il pourra devenir un facteur de solidarité planétaire, de paix. Il faudrait pour cela compléter l'ONU, qui intervient dans les rapports entre nations, par une Organisation des peuples unis qui gérerait les rapports entre peuples.

C'est une question que nous avons en effet déjà abordée dans le chapitre « Mondialisation ». En 1881, Jean Jaurès déclarait : « Un jour vient, et tout nous signifie qu'il est proche, où l'humanité est assez organisée, assez maîtresse d'elle-même pour pouvoir résoudre par la raison, la négociation et le droit les conflits de ses groupements et de ses forces » (Discours à la jeunesse).

Jaurès s'est trompé en croyant, en 1881, que ce jour était proche. Mais on peut constater avec lui que la réalisation de cet objectif ne dépend que de nous.

Mais on ne peut transformer la société sans se transformer soi-même : la paix collective et la paix intérieure, la sérénité, sont liées.

L'évolution biologique, génétique, de notre espèce est maintenant fort bien connue. Nous savons comment elle s'est transformée au cours de quelques millions d'années. Il faut maintenant prendre en considération son évolution psychique. La première est subie au fil des mutations aléatoires, la seconde peut être voulue comme aboutissement collectif de la construction des personnes. La paix collective peut en effet être le résultat de la paix intérieure de chacun. D'une certaine sagesse, d'une ouverture d'esprit.

Le besoin d'une paix intérieure, condition d'une paix en communauté, devrait être enseigné dès l'école, à partir du constat de la nécessité de s'ouvrir à l'autre. L'égocentrisme ferme toutes les portes. Le refus de la différence ne favorise pas la paix sociale. L'aventure de chaque vie a pour matériau, pour source de dynamisme, les rencontres successives. Il faut donc apprendre à percevoir l'intrusion de l'autre dans notre vie comme une chance plus que comme un danger, et une chance autant pour lui que pour moi.

Que craignez-vous pour le XIXe siècle? Pour vos petits-enfants, par exemple?

Le plus grand danger est actuellement la généralisation du rêve occidental de réussite individuelle d'une vie conçue comme une lutte contre les autres. Le moteur de chacun est la compétition, ce qui exclut une véritable paix.

Dans le chapitre sur la violence, nous aborderons à nouveau ces questions, mais sous un autre angle.

Quête de sens

« La rencontre d'autrui nous offre le premier sens et dans ce prolongement on retrouve tous les autres. »
Emmanuel Lévinas

La recherche indéfiniment recommencée de notre origine et de notre destination est une constante des civilisations humaines : c'est le vertige du néant ?

Non, ce n'est pas le vertige du néant, c'est le vertige de l'avenir. L'avenir ne peut avoir d'existence réelle. Si nous définissons l'univers comme la totalité de tout ce qui existe, nous pouvons à la rigueur y incorporer le passé, car il a laissé des traces, mais certainement pas l'avenir, qui n'est que pure imagination. Nous sommes, à ce stade de la réflexion sur nous-mêmes, face à ce que les êtres humains ont produit de plus étrange, ils ont imaginé que demain sera.

C'est la question du temps, question métaphysique par excellence ?

Dans ce cosmos qui nous a générés, le temps s'écoule au rythme où les événements se succèdent; ces événements sont le résultat des interactions entre les divers éléments du cosmos, interactions qui

187

dépendent de leurs diverses caractéristiques, par exemple leurs masses ou leurs charges électriques. Ce qui a lieu dépend de l'état présent, lui-même généré par l'ensemble des événements passés, mais ne fait nullement intervenir un avenir qui n'a aucune réalité. Du moins est-ce là le postulat de base de l'effort du scientifique, lorsqu'il s'efforce de comprendre ce qu'il observe. La règle qu'il adopte est d'expliquer la succession des événements au moyen de *parce que*, qui expriment le lien causal entre l'instant précédent $t-1$ et l'instant t, mais jamais en utilisant des *pour que*, qui créeraient un lien de causalité entre l'instant suivant $t+1$ et l'instant t. Autrement dit, le cosmos n'a pas d'intention, pas de projet. Nous sommes là au cœur du mystère de l'être humain, seul objet capable de comprendre que demain sera, et donc de donner un rôle à ce demain. Oui, nous avons le pouvoir inouï d'inverser la causalité, d'en choisir le sens.

Pourquoi y a-t-il quelque chose plutôt que rien ? La question vous paraît-elle mal posée ?

Cette question est le prototype de l'interrogation non scientifique, puisqu'elle introduit un *pourquoi*. Ce *pourquoi* présuppose une intention, mais de qui ?

La question de notre origine est-elle, elle aussi, une mauvaise question ? Nous avons envie de savoir d'où nous venons.

La remontée vers l'origine d'un processus peut aboutir à un événement descriptible lorsque ce processus est un élément partiel, bien défini de l'univers.

Elle ne peut avoir d'aboutissement lorsqu'il s'agit de l'univers lui-même. On se heurte ici à l'impasse logique mise en évidence par Bertrand Russell lorsqu'il a montré l'impossibilité de définir «l'ensemble de tous les ensembles». Ce qui est valable pour une partie de la réalité ne l'est pas pour la totalité de ce réel. Une autre façon de comprendre cette impossibilité est de constater que tout événement découpe la durée en deux parties, ce qui a précédé et ce qui a suivi. Atteindre l'«origine» serait découvrir un fait qui ne serait précédé par rien, ce ne serait donc pas un événement.

Notons enfin qu'une astuce mathématique permet d'évacuer le problème de cette origine qui serait, par définition, sur l'échelle du temps, l'instant zéro. Cette astuce consiste à remplacer la durée représentée par le paramètre t par le logarithme de t. Or le logarithme de zéro n'existe pas. Sur cette échelle de mesure l'on peut se rapprocher sans fin de l'origine, mais on ne peut l'atteindre.

On pourrait penser que le monde est né d'un «accident»?

Pourquoi imaginer un accident? En fait, cette origine ne constitue un point singulier qu'en fonction de la façon dont nous la définissons. Un exemple permet de comprendre comment de telles singularités peuvent être artificielles, irréelles : les pôles de la planète sont des lieux bien singuliers pour les géographes, ce sont les seuls points où se rencontrent tous les méridiens. Mais les explorateurs ne découvrent, lorsqu'ils sont sur place, rien d'étrange.

La nature ne semble cependant pas faire n'importe quoi. L'évolution a un sens, une direction.

Certes, la nature ne fait pas n'importe quoi. D'après la vision scientifique actuelle, elle se contente d'agir sur tous les éléments qui la constituent en se conformant à quatre règles du jeu, en faisant agir quatre forces : la pesanteur, la force électromagnétique et deux forces nucléaires. Tout ce qui se produit est le résultat des interactions générées par ces quatre forces. L'on peut, par des simulations, reconstituer l'histoire de l'univers en imaginant des forces ayant des intensités différentes de celles qui sont effectivement observées. Que se serait-il passé si la pesanteur avait été plus intense ? La grande surprise est de constater que seules les intensités observées ont pour conséquence une histoire de l'univers aboutissant à l'apparition de la diversité que nous constatons. Est-ce le signe d'une volonté extérieure ayant un projet, ayant voulu cette diversité, ou un simple «coup au but» obtenu par hasard ? Ce n'est pas à la science de répondre.

Il est difficile de ne pas imaginer une cause première intelligente.

La «cause première» est, tout comme l'origine, un concept indéfinissable, un refuge que nous propose notre paresse intellectuelle.

Est-ce qu'il vous arrive de vous dire : «Je ne comprends rien !» ou : «Qu'est-ce que je fais sur Terre ?»

«Je ne comprends pas tout» n'est pas équivalent à
«Je ne comprends rien». Le peu que je comprends
me donne peut-être une raison non pas simplement
de vivre, mais d'être conscient de vivre.

*On peut être conscient de vivre, mais de là à dire
que la vie est belle ou qu'elle a un sens...*

Ce que donne la nature n'est ni bon ni mauvais,
puisqu'elle ignore son objectif. C'est à nous de
prendre le relais si nous voulons aller dans la direction souhaitée. Certes, aujourd'hui, sur notre planète,
il est difficile d'affirmer que la vie est belle; pour
beaucoup d'humains la vie n'est pas belle du tout.
Mais cela ne dépend que de nous.

*On peut comprendre que certains philosophes aient
mis en avant l'absurdité de l'existence. Venir au
monde, c'est avant tout être embarqué dans une
aventure tragique, puisque la seule issue est le retour
au néant. «Le silence éternel de ces espaces infinis
m'effraie», disait Pascal.*

Exister est un fait sans queue ni tête. Chaque objet
existe à partir du moment où ses éléments sont ras-
semblés. Il cesse d'exister lorsque ces éléments se
séparent. Mais ce début comme cette fin ne peuvent
être définis avec précision. Ils dépendent du regard de
celui qui constate ce début et cette fin. Seuls seraient
éternels non les choses composées d'éléments toujours prêts à se séparer, mais les éléments eux-mêmes.
La science s'avoue cependant incapable de les définir
tout en recherchant toujours plus «élémentaire» :

atomes, nucléons, quarks, cordes. Le désir de les représenter rend nécessaire de les considérer comme composés d'éléments plus petits qu'eux-mêmes. La quête de l'élémentaire est donc sans fin.

« Exister » est simplement un constat, « vivre » suppose une participation aux événements qui accompagnent le déroulement du temps. En ce sens, « exister » est passif, « vivre » exige un minimum d'activité. Sur l'échelle de la complexité, « vivre » est plus haut qu'« exister » mais reste dans la même catégorie de performance.

Philosophiquement parlant, « exister », c'est être conscient.

« Être conscient » introduit en effet une bifurcation fondamentale. C'est cette dimension qui permet de se consoler de l'absurdité que vous évoquez. Tant qu'à citer Pascal, je préfère oublier le silence des espaces infinis et m'identifier à celui qui est écrasé par les forces extérieures et qui l'emporte sur elles, car elles ne savent pas qu'elles l'écrasent alors que lui sait qu'il est écrasé.

Votre optimisme va refuser l'évidence, mais tout de même, tout ce que l'on s'applique à penser, à créer, à construire, pas à pas, tout ce dévouement, tout ce travail, pour rien, au bout du compte ! Dans quelques millions d'années – peut-être même avant –, l'humanité disparaîtra, le soleil s'éteindra. Nous sommes guettés par le chaos. En ce sens au moins la vie semble absurde !

Il n'y a pas de bout du compte! Ma conscience d'être m'ouvre un espace temporel extérieur à l'espace-temps cosmique. C'est là que je fais des rencontres, y compris avec moi-même, et que je construis mon éternité. Cette éternité intérieure me permet de regarder de haut, sans me sentir totalement concerné, la fin du soleil devenu supernova ou celle des galaxies s'anéantissant dans un *big crunch*.

Diriez-vous que la vie est une sorte de miracle?

La vie considérée comme une succession de métabolismes a un sens évident : le cheminement vers la mort. Mais cette vie peut avoir un sens supplémentaire si celui en qui se déroulent ces métabolismes est capable d'introduire une finalité dans cette cascade d'événements. Cela suppose – comme nous l'avons dit – qu'il ait accès à la conscience de sa propre existence et qu'il soit capable de penser à demain. Apparemment ces conditions ne sont réunies que pour les humains.

En y introduisant de la finalité, nous donnons un sens à l'existence.

Oui, c'est le vertige de l'avenir, et non le vertige du néant, comme je le disais au début de cet entretien.

La science, dit-on, se tait sur l'essentiel. Êtes-vous d'accord?

La science sait se taire sur ce qu'elle ignore. Elle donne ainsi un exemple qui pourrait avec profit être suivi par les religions. Son discours porte sur des

NOUVELLE PETITE PHILOSOPHIE

domaines qui font partie de l'essentiel, puisqu'il s'agit de la lucidité sur notre nature et notre capacité de la transformer. Lorsque la science aboutit à éloigner la mort, on ne peut prétendre qu'elle ignore l'essentiel.

Oui, mais, comme le dit Prigogine, c'est la «fin des certitudes». L'être des phénomènes est inaccessible. Qu'est-ce que le temps, la matière, la vie? Qu'est-ce qu'une onde?

Il ne peut s'agir d'atteindre l'être des phénomènes. Tout au plus peut-on imaginer des paramètres permettant de les décrire et de les expliquer. En décrivant $y = a \cos(\omega t + \varphi)$ on a tout dit de ce qu'est une onde.

Pensez-vous tout de même qu'il y a quelque chose au-delà des apparences?

La question me semble mal posée. Nous n'avons accès qu'à des apparences. Quel auteur comparait la réalité à une femme merveilleuse qui laisse enlever ses robes accumulées mais que l'on ne découvre jamais nue?

L'activité métaphysique, on le voit bien, complète souvent l'activité scientifique. L'homme ne peut pas ne pas se poser la question du sens, de la transcendance, du sacré, de l'«au-delà» précisément.

Rien de cosmique n'est sacré, ni une particule élémentaire, ni un agglomérat de particules. C'est la construction de l'«humanitude» par les humains qui a introduit cette dimension du sacré.

*Ce que vous voulez dire, c'est que, si tout était pla-
nifié d'avance, la vie n'aurait pas de sens ? Le sens de
la vie pourrait alors être la création, donc la liberté ?*

Dans un univers où tout se déroule sans finalité, les
hommes ont en effet introduit l'obsession de l'avenir,
donc le projet, la responsabilité, la liberté, l'angoisse,
l'espoir. Demain n'est pas, mais ayant compris qu'il
sera, nous en sommes devenus les créateurs.

*Il s'agit en fait de surmonter l'absurde en perma-
nence, ce qu'on appelle avoir des projets, des passions.
Il faut sortir de soi, se dépasser sans cesse, et surtout
œuvrer avec les autres, pour les autres.*

La construction de l'« humanitude » est nécessairement collective. Il s'agit moins de sortir de soi que
de rencontrer, moins d'agir pour les autres que d'agir
avec les autres. C'est la participation à la communauté humaine qui nous intronise dans le rôle d'humain. Avant Lévinas, Marx avait écrit que l'essence
de l'humanité ne se trouve pas en chaque être
humain, mais qu'elle se trouve dans la communauté
des hommes. Tout est dit.

*Lévinas dit que « l'humain jaillit chaque fois que
nous ne sommes pas indifférents les uns aux autres ».
Nous faisons de beaux discours ! Mais ne somme-nous
pas idéalistes ? Il y a si peu d'humanité dans le
monde ! Toutes ces guerres, ces tueries, ces massacres,
quelle absurdité !*

Je demande au lecteur de me pardonner, je vais me répéter, mais il est vrai que, dans sa phase actuelle, notre société occidentale se comporte comme si elle ignorait les évidences que nous venons d'explorer. La science vient de merveilleusement féconder la technique. Le fruit de notre savoir est de plus en plus juteux. Mais tout se passe comme si un ver s'était introduit dans ce fruit. Quel ver ? On peut certes dénoncer l'emprise de l'économie, l'unidimensionnalisation ramenant chaque objet, chaque activité à sa valeur marchande. Mais, plus profondément sans doute, l'erreur fondamentale est le recours à la compétition comme source de dynamisme. Le parcours de chacun est ramené à une série de batailles contre les autres alors que notre spécificité est de devenir nous-mêmes en jouant avec les autres. À quand une civilisation de la rencontre ?

Les préoccupations matérielles, les petits bonheurs médiocres n'ont-ils pas irrémédiablement endormi l'esprit ? Kierkegaard parle d'existence « molle ».

Il faut en effet bien préciser les mots : si vivre se borne à laisser se succéder les métabolismes naturels, si tout ce qui se passe en nous est simplement la conséquence des processus gérés par notre dotation génétique, notre existence est effectivement bien «molle» et ne mérite guère d'affirmer que nous «sommes», au sens où ce verbe est utilisé dans la Bible lorsque Moïse entend une voix lui disant : «Je suis celui qui suis.»

Fuir les questions essentielles protège peut-être de l'angoisse, du souci. Quand on réfléchit trop, on est malheureux.

Au contraire, le fait même de faire tourner notre machine à penser est en soi-même une jouissance, comme il est jouissif d'utiliser nos muscles ou certains organes. C'est au nom du plaisir que l'on doit inciter les jeunes à faire fonctionner leur imagination et leur logique. À ce propos, les mathématiques sont l'exemple parfait de possibles satisfactions – ainsi la démonstration par Euclide du nombre infini de nombres premiers, ou le jeu de Cantor à propos des infinis.

« L'affirmation joyeuse de l'existence », formule de Nietzsche. Mais peut-on se réjouir quand on connaît l'état du monde ? A-t-on le droit de rire alors qu'au moment même où l'on rit d'autres contractent le sida, tombent sous les bombes...

On peut rire sous la pluie, sous les bombes, à l'hôpital. Sœur Emmanuelle raconte qu'elle riait beaucoup avec les chiffonniers du Caire. Trop de nos malheurs viennent de notre propre espèce. Changer ne dépend que de nous. Tout est à refaire sur notre planète. Quelle chance !

Quelle belle leçon d'optimisme !

Rationnel et irrationnel

*« Deux excès : exclure la raison,
n'admettre que la raison. »*
Blaise Pascal

*Matthieu Ricard est devenu moine bouddhiste
après avoir été chercheur en biologie. La science et la
spiritualité seraient-elles devenues complémentaires ?*

Pourquoi les opposer ? Elles répondent à deux
questions différentes, comme nous venons de le voir
dans le chapitre précédent. Un questionnement scientifique et un questionnement métaphysique ou spirituel.

De quel cosmos suis-je entouré et quel est mon
rôle ? La biologie est un domaine de la science qui se
spécialise dans l'étude des êtres dits «vivants», dont
nous faisons partie. Il n'est pas étonnant que cette
recherche conduise à s'interroger sur le parcours
humain et son sens. Pour tenter de répondre à ces
deux interrogations, les chemins de la recherche parcourent des domaines différents; les critères de succès
ou d'échec ne sont pas de même nature. Ils seraient
complémentaires si l'un pouvait apporter ce qui
manque à l'autre. Ce ne semble pas être le cas.

On constate un renouveau d'intérêt pour certaines formes de spiritualité. Les jeunes qui croient à l'occultisme sont de plus en plus nombreux.

Fort heureusement, la spiritualité ne se borne pas à des activités proches de l'occultisme. Ce dernier peut être considéré comme le niveau zéro parmi l'ensemble des interrogations que l'on désigne globalement par le mot « spiritualité ». La tentation de se réfugier dans ces pratiques est inquiétante, elle est le signe d'un vide dans la formation intellectuelle des jeunes. Ils espèrent obtenir facilement des réponses à toutes leurs interrogations. L'enseignement aurait dû leur montrer que seules les explications laborieusement mises au point par la science méritent d'être considérées.

Cinquante pour cent des étudiants croient en la réincarnation, à la télépathie, à l'astrologie! Les études ne les ont apparemment pas débarrassés de leur crédulité.

Je ne peux pas croire votre statistique. Elle signifierait une défaite du système éducatif dans son ensemble.

Elle est pourtant bien réelle.

Il faut alors s'interroger sur les causes de cette déroute. Sans doute les programmes scolaires ne font-ils pas une part suffisante à la lutte contre ces manipulations des esprits que sont, par exemple, les horoscopes. Il faudrait que tous les responsables de l'éducation s'engagent à ne jamais publier d'articles ou d'entretiens dans les publications qui se permettent de diffuser ces horoscopes. Il est clair que de telles publications font la preuve d'un mépris cynique envers leurs lecteurs. Il est inadmissible de participer à ce mépris lorsque l'on est chargé d'une tâche d'éducation. Des directives à ce sujet venant du ministère de l'Éducation seraient aussi nécessaires que celles concernant le voile.

C'est la raison pour laquelle l'enseignement de la philosophie est précieux, car il contribue à la lucidité et permet de lutter contre la manipulation des esprits. Mais pourquoi tant de gens croient-ils que l'on peut, par exemple, déplacer des objets par le seul pouvoir de la pensée ou s'élever dans les airs par une force psychique? Pourquoi tant de gens croient-ils au « miracle »?

Constatons que l'Église romaine insiste de moins en moins sur les miracles. Ils nourrissaient autrefois la piété des fidèles, ils semblent aujourd'hui plutôt embarrasser les autorités. Il serait bon de diffuser auprès des étudiants l'expérience de l'université de Nice : elle a déposé à la banque, il y a plusieurs années, un chèque de, je crois, dix mille euros qui sera remis à la première personne capable de réaliser sous contrôle une des performances que vous évoquez, lévitation ou torsion à distance de petites cuillères. Personne ne s'est encore présenté. Force est de constater que tous ces prétendus pouvoirs « psy » ne sont que supercherie. Les présenter comme une réalité constitue un mensonge.

Tout comme il y a un marché du sexe, il y a un marché de l'occulte, du surnaturel. C'est le retour du religieux « par le bas », une sorte de faux retour du sacré. Cela répond-il au besoin d'être rassuré ?

Je ne sais à quel besoin tout cela répond. Il est fort possible que ce ne soit pas à un besoin naturel, mais qu'il soit induit par notre société prête à marchandiser la moindre pulsion. Elle crée ainsi un marché sous prétexte de répondre à une demande. Les religions ont souvent eu un rôle semblable en dévoyant les interrogations face à la mort, en répondant aux angoisses sincères par des pratiques rituelles. Le rôle de l'éducation est d'aider celui qui découvre autour de lui le monde, les autres et soi-même, à n'accepter de réponses que sous le contrôle de la raison.

Oui, mais les statistiques sont formelles ! Il y a aujourd'hui en France plus de sorciers ou de voyants que de médecins. L'homme a besoin de croire !

S'interroger est sans doute une attitude spontanée, qui peut être désignée comme une caractéristique spécifique d'*Homo sapiens*. Croire, en revanche, sans s'efforcer en premier lieu de douter, est une démission de l'intelligence. C'est cette démission qui aboutit à l'obscurantisme lorsqu'elle se généralise. La science est née du refus de croire; elle progresse en remettant en cause les explications antérieures, même les plus largement acceptées. Le cas le plus caractéristique est la mésaventure arrivée à Einstein lorsqu'il a constaté que l'équation qui résume la relativité générale était incompatible avec la stabilité de l'univers. Il a cru bon de modifier son équation pour retrouver cette stabilité, mais, quelques années plus tard, Hubble constatait l'expansion de cet univers : en réalité, il n'est pas stable.

Le problème, c'est que tous ces faiseurs de miracles, tous ces sorciers, tous ces astrologues, mettent parfois en danger la santé physique ou psychique de personnes souvent fragiles.

Oui, et il faut le dénoncer. Certes, le doute n'est pas confortable, mais cet inconfort est le prix à payer pour, peu à peu, améliorer notre lucidité face au chaos apparent que la réalité nous présente. L'attitude scientifique relève d'une certaine ascèse nécessaire à notre santé psychique. De même qu'un jogging matinal est utile à nos muscles, pratiquer un exercice intellectuel est nécessaire pour maintenir nos neurones en état de fonctionnement. C'est pourquoi le professeur d'éducation physique et le professeur de mathématiques ont des métiers bien semblables...

Comme le professeur de philosophie...

Tout à fait. Ils veillent à maintenir la santé de cet outil qu'est notre organisme.

Mais il est difficile de lutter contre une véritable intoxication entretenue par la presse, la télévision, de lutter contre une spiritualité de bazar qui inonde le marché.

Cette lutte contre les illusions ne doit jamais se relâcher, à la façon de la lutte contre la paresse corporelle. Il s'agit de se construire soi-même en ne s'abandonnant pas à la facilité du confort. On en revient une fois de plus à l'éducation. Nous sommes là au cœur même du rôle de l'enseignement, rôle paradoxal puisqu'il aboutit à provoquer l'opposition à l'enseignant lui-même, ce qui est exprimé par le conseil d'André Gide à son lecteur : «Si tu m'as compris, tu me jettes» (*cf.* «Opinion»).

Dans notre monde matérialiste, brutal, nos contemporains sont en quête d'émotions, ils ont besoin de rêver.

Le refus de l'illusion n'est pas le refus du rêve. Il faut cultiver le rêve, à condition de ne pas le confondre avec la réalité. C'est pourquoi les *reality shows* de la télévision sont le prototype de la manipulation dangereuse : dangereuse pour les participants, mais aussi dangereuse pour les spectateurs, qui sont entraînés dans un labyrinthe où ce qui est vu est à la fois jeu et vie authentique. Les sectes se nourrissent d'une confusion semblable.

Parlons des sectes justement : si elles se portent si bien aujourd'hui, c'est que la vie sociale classique ne répond pas aux attentes des individus. Elles parlent de développement personnel, de bonheur.

Leur succès est le signe d'un besoin que la vie quotidienne, en effet, telle que notre culture l'a organisée, ne satisfait pas. Il faut cultiver les rêves, non pour se réfugier dans un présent reconstitué par l'imagination, mais pour se projeter dans un avenir à construire. Faire un rêve, oui, mais à la façon de Martin Luther King.

Le scientisme froid a de quoi rebuter les êtres humains sensibles et inquiets que nous sommes. La science laisse un vide car elle ne répond pas à certaines interrogations. Elle n'apaise pas l'angoisse.

Il n'y a aucune nécessité que la recherche de la lucidité, qui est le moteur de la science, débouche sur un «scientisme froid». Ce risque ne se présente que si l'on enferme cette recherche dans le domaine des faits, des modèles, des explications. Elle peut au contraire se nourrir en permanence de questions nouvelles jamais encore posées, et qui débouchent à leur tour sur de nouvelles interrogations. Oui, nous sommes sensibles et inquiets. Le but de l'attitude scientifique est de mieux formuler ces inquiétudes, sans prétendre, comme le font les sectes, apporter une réponse globale. En renouvelant sans cesse son interrogation, la science participe à l'approfondissement de nos émotions face au cosmos, aux autres, à nous-mêmes. Elle ne dissout pas l'angoisse mais nous permet de mieux l'intégrer dans notre existence.

La raison ne peut pas évacuer l'irrationnel mais elle doit garder le dessus.

Face à l'irrationnel, la raison ne doit pas se voiler la face mais essayer de comprendre, de déceler les dérapages de la pensée qui ont abouti au «n'importe quoi » caractéristique de cet irrationnel. Dans le chaos de nos sensations et de notre imaginaire, la raison est l'unique moyen de construire une pensée qui soit transmissible, donc qui nous permette de participer à l'œuvre collective de découverte du réel. N'oublions pas que le choc avec la pensée des autres est l'origine de notre propre pensée. Ce choc ne peut être fécond que si une mise en commun est possible ; ce qui suppose une structure mentale commune.

On pensait que le XXIe siècle serait religieux, il sera peut-être mystique. C'est pire ?

Je déteste la phrase d'André Malraux – « Le XXIe siècle sera religieux ou ne sera pas » –, qu'il n'a sans doute jamais dite. Pourquoi faire des prédictions, alors que c'est d'un programme et de la volonté de le réaliser que nous avons besoin ? Le XXIe siècle est à construire, par nous. Ne nous abandonnons pas à la croyance en un destin qui nous échappe. Il peut être raisonnable si nous faisons le nécessaire. Les dangers d'un retour à la pensée informulable présentée comme mystique seraient une régression que l'on peut difficilement imaginer.

Pour empêcher l'obscurantisme de progresser encore, il faudrait un sursaut ?

La gravité des dangers qui menacent l'humanité, y compris le suicide collectif, rendu possible soit dans l'immédiat par l'armement nucléaire, soit à long terme par la dégradation du climat, sera un facteur de sursaut de la part des « décideurs ».

On ne doit donc pas forcément s'inquiéter de constater que les jeunes sont de plus en plus attirés par les phénomènes surnaturels, par l'ésotérisme? C'est pourtant une forme de désespérance ou du moins de résignation.

Je ne vois pas pourquoi les adolescents seraient désespérés. Ils ont la chance de s'insérer dans une humanité où presque tout est à repenser, c'est-à-dire à passer au crible de la raison. Si le système éducatif fait bien son travail, je ne vois pas pourquoi ils pourraient être attirés par la stupide soumission à quelques gourous.

Vous pourriez leur adresser un message.

Choisissez ensemble un projet et consacrez-y vos talents.

Solidarité

« *Nous sommes tous responsables de tout
et de tous, et moi plus que les autres.* »
Dostoïevski

*Nous avons déjà abordé, sous un autre angle, le
sujet de la générosité. Mais comme ce thème vous tient
particulièrement à cœur, nous nous permettons d'insister.*

Nous allons peut-être nous répéter, mais sur l'essentiel il faut inlassablement revenir.

*Dans le chapitre « Nord/Sud », nous avons dénoncé
le fossé qui ne cesse de se creuser entre la richesse et
la misère. On est loin de la solidarité minimale dont
les êtres dits « humains » devraient être les garants.*

Ce que nous avons décrit de l'enrichissement des
riches et de l'appauvrissement des pauvres est semblable au processus naturel provoqué par les forces
de gravitation : un corps doté d'une masse importante
attire plus d'éléments nouveaux, qui accroîtront
encore sa masse, qu'un corps de moyenne importance. C'est ainsi que se forment les étoiles dans les
débuts de leur réalisation. Il suffit de laisser agir les

lois de la nature pour que ce mécanisme d'autotrans-
formation accentuant les différences se mette en
place. La fracture entre les riches et les pauvres ne
résulte pas nécessairement d'une méchanceté des pos-
sédants et d'une passivité des démunis. Elle résulte
plutôt dans notre société d'un laisser-faire accepté
comme une fatalité.

La solidarité serait le contraire du laisser-faire ?

Dans les processus naturels, le concept de solidarité n'a aucune connotation morale. Chaque objet,
qu'il soit vivant ou inanimé, obéit aux forces qui
s'exercent sur lui. Ces forces créent des interactions
entre objets, rendent le devenir de chacun dépendant
du devenir des autres. Mais cette dépendance n'est
pas le résultat d'une intention, elle n'est que subie.
Ce n'est que dans la mesure où un projet est imaginé
que chacun peut adopter une attitude volontariste
tenant compte des autres. Cette performance est
réservée aux êtres conscients que sont les humains.

*La démocratie est l'exemple même de cette attitude
volontariste, c'est l'affirmation des droits humains.
Elle devrait corriger ce déséquilibre. Pourquoi la
situation s'aggrave-t-elle au contraire ?*

L'affirmation des droits de l'homme est en effet
le plus bel exemple de notre capacité à ne pas nous
soumettre passivement aux forces naturelles. L'humanité est ce morceau du cosmos capable de se donner à lui-même des règles de comportement, donc

d'inventer une éthique. La solidarité est l'affirmation de la nécessité de mettre en place des rapports entre individus préservant la dignité de chacun. L'adoption unanime de cette Déclaration a constitué une étape décisive dans la construction de l'humanitude, c'est-à-dire la réalisation d'une structure dont les éléments ne sont pas les individus appartenant à l'espèce, mais les rapports que ces individus entretiennent les uns avec les autres.

Pour de nombreux États, cependant, cette adhésion a été plus acceptée que souhaitée. Respecter la charte commune est perçu par de nombreux pays comme une contrainte à laquelle ils se sont soumis sous la pression mais dont ils s'efforcent de minimiser les conséquences. Le rôle de l'ONU devrait être de veiller avec rigueur et intransigeance au respect de cet engagement. Le recul de son pouvoir est une des causes de cette aggravation.

C'est bien un choix de société qui est à la base de ce développement inégalitaire. Ce n'est pas une fatalité, et pourtant on entend souvent dire : il y aura toujours des pauvres, on n'y peut rien !

L'argument que vous évoquez est constamment rencontré. Il ne tient pas compte de la capacité humaine de faire bifurquer les processus. Il y a quelques siècles, on aurait pu dire : depuis toujours, la moitié des enfants meurent avant un an, on n'y peut rien, ce sera toujours le cas. Cette mortalité est aujourd'hui inférieure chez nous à un sur cent. Nous avons su dire non à la nature. La mortalité infantile dans les pays pauvres n'est donc pas le résultat d'une fatalité, mais celui d'un manque de volonté.

La politique devrait pouvoir faire quelque chose. Comme le disait Gilles Deleuze : «Ne pas être de gauche, [...] dans la mesure où l'on est privilégié et qu'on vit dans un pays riche, [c'est se demander] : comment faire pour que la situation dure ? [...] Être de gauche, c'est l'inverse.» C'est dire que ces milliards de gens qui crèvent de faim, ça ne peut pas durer !

La classification des opinions ou des engagements en fonction du critère gauche/droite me semble – je l'ai déjà dit dans un autre entretien – abusivement unidimensionnelle. D'autres critères peuvent être évoqués, l'opposition entre l'ordre et le désordre par exemple, ou l'opposition entre la défense du système en place et la remise en cause des structures, ou encore l'opposition entre la satisfaction des besoins présents et le souci des besoins futurs, le court terme contre le long terme. Tous ces classements ont du sens mais ne peuvent être résumés, sans perdre l'essentiel de leur sens, par le contraste gauche-droite. L'important, encore une fois, est de diffuser plus largement la conscience de l'impasse dans laquelle le monde occidental s'enferme et d'en tirer les conséquences sur la nécessité d'un changement radical.

Dans une logique libérale, la solidarité n'est pas prise en compte : le bénévolat, par exemple, reste invisible car il n'a pas d'expression monétaire. Seul le charity-business s'étale au grand jour.

La logique libérale découle de la croyance que la lutte des individus les uns contre les autres est la source principale du progrès. Il suffit de s'interroger sur ce que signifie ce «progrès» pour comprendre combien cette croyance n'est guère qu'un résidu d'infantilisme.

Dans J'accuse l'économie triomphante, *vous indiquiez déjà que tout n'est pas marchand, que le souci de productivité à tout prix – valide par rapport aux objets, à la technique – n'a plus de sens pour ce qui concerne les hommes.*

Cela implique de refouler l'emprise devenue monstrueuse de la notion de valeur, qui ramène chaque objet ou chaque activité au statut de marchandise, une marchandise dont on a tout dit une fois qu'on en a annoncé le prix.

La logique marchande détruit le lien social – et l'environnement. On ne peut appliquer aux relations entre les hommes les mêmes indicateurs qu'en économie. Dans la relation à l'autre, il est surtout question d'éthique, c'est-à-dire de reconnaissance, de respect, de dignité.

Cette logique libérale s'intéresse aux biens échangés, mais elle ne tient pas compte de la réalité du fait d'échanger, des conditions dans lesquelles s'est déroulée la rencontre et se sont tissés des liens, qu'ils soient conflictuels ou amicaux, entre les protagonistes. Les concepts que vous évoquez, dignité, respect, ne font pas partie de la pensée libérale. Elle ne voit dans cette rencontre qu'une confrontation, une lutte dont il faut sortir vainqueur. Alors que l'on peut, tout au contraire, ne voir dans l'échange qu'un épisode secondaire; le seul événement important étant la rencontre dont il a été le prétexte. C'est au cours de cette rencontre qu'une solidarité peut se manifester, elle n'aboutit pas alors à la domination de l'un et à la soumission de l'autre, mais à une satisfaction partagée.

Plutôt apprendre le partage que la compétition. Mais comment faire admettre aux citoyens que la solidarité n'est pas une utopie? Qu'une vie sociale équilibrée, équitable, dans laquelle chacun trouve sa place et prend ses responsabilités, est possible?

Nous pouvons constater un mal profond de nos sociétés : la croyance que leur état actuel et surtout leur dynamique actuelle sont aussi inévitables que les forces de la nature. Faire le projet d'un changement entraîne l'insulte suprême : «Utopiste!» Nous assistons à une acceptation passive de forces destructives présentées comme aussi contraignantes que la gravitation universelle.

Vous ne cessez de dénoncer cette passivité ou cette absence de lucidité.

Oui, car sans cette prise de conscience, aucun changement n'est possible. Que la nature nous impose des contraintes, cela ne peut être nié, mais le cas particulier de notre espèce résulte de notre capacité à comprendre nos contraintes, à les analyser, et, bien souvent, à les dominer pour les mettre à notre service.

L'exemple qui est clair est celui du voilier : il faut utiliser le vent contraire et la résistance de l'eau pour tirer des bords et atteindre son objectif. La même stratégie peut être utilisée pour transformer les états d'esprit. C'est le rôle de cet outil fabuleux qu'est la parole. Il faut sans relâche expliquer aux jeunes que la société dans laquelle ils vivront n'existe pas encore. À eux de la construire, en choisissant eux-mêmes les règles du vivre-ensemble.

Si l'on veut devenir riche et célèbre, c'est aux dépens des autres, contre les autres. C'est le principe même de nombreuses émissions de télévision : on gagne en éliminant les autres. Cette culture de masse enferme l'individu dans un égoïsme primaire et, par là même, tue la volonté et la solidarité.

Et pourtant gagner, ce n'est pas éliminer les autres, mais profiter de ce qu'ils peuvent nous apporter. Les spectacles offerts par la télévision sont une caricature de ce que les rapports humains pourraient être. Ils jouent le rôle d'un véritable poison social. C'est à l'école d'apporter le contrepoison. Rappelons qu'elle n'a pas pour fonction de préparer les jeunes à la vie active, mais de les amener à réfléchir sur une meilleure structure de nos sociétés.

Comment lutter contre cet égocentrisme premier qui d'emblée nous pousse à rejeter, voire à écraser l'autre ?

Le processus élémentaire à la source du vivre-ensemble est l'attitude de chacun face à l'autre. Le réflexe primitif est en effet la crainte face à la différence. Un effort personnel est nécessaire pour lui substituer la confiance. Certes, cette confiance peut être trahie et la rencontre devenir néfaste. Mais l'absence de confiance empêche au départ cette rencontre. Or celle-ci est nécessaire pour la construction de notre personne. S'ouvrir à l'autre, c'est courir un risque, mais se refuser à la rencontre, c'est jouer perdant : choix équivalent, pour les rapports entre personnes, au pari de Pascal pour l'attitude religieuse.

Tendre la main aux populations défavorisées s'accompagnera peut-être d'un appauvrissement sur le plan économique, mais nous enrichira humainement. De toute façon, le mode de développement occidental n'est pas universalisable : nous consommerons autrement, nous penserons autrement.

Cette réflexion sur la solidarité implique inévitablement une remise en cause des règles régissant les flux économiques. Le libéralisme présenté actuellement comme une nécessité a pour point de départ la croyance que la lutte des divers agents, producteurs et consommateurs, aboutit à un optimum dans la répartition des rôles. Or cette croyance n'est fondée sur aucun raisonnement et aucune expérience. Il est temps de la remettre en cause.

C'est une nouvelle échelle de valeurs qui est nécessaire. La solidarité, c'est avant tout des biens communs à tous, des droits communs à tous.

Que considérer comme sacré dans une personne humaine ? Quels sont les droits qui devraient lui être attribués du fait même de son appartenance à notre humanité ? La seule limite à ces droits est notre capacité à produire les objets et services permettant de satisfaire ces droits et de les satisfaire de manière égalitaire bien sûr. Or cette production est de plus en plus efficace, la liste des droits peut donc s'allonger, et le domaine du sacré s'élargir. Nous y sommes presque pour la nourriture, les soins, un minimum de confort ; certains espèrent faire figurer dans la liste le droit à la paresse.

Plus urgente est la reconnaissance du droit de tous au partage des connaissances. Les écoles, de tous niveaux, devraient devenir des lieux ouverts à tous ceux qui ont envie de comprendre le monde qui les entoure, et cet objet mystérieux au cœur du monde : eux-mêmes.

Nous ne pouvons clore ce chapitre sur la solidarité sans évoquer le terrible raz-de-marée qui a ravagé l'Asie du Sud-Est le 26 décembre 2004. On a tout dit sur le formidable élan de générosité qui s'en est suivi : les hommes se sentent enfin tous solidaires et c'est plutôt une bonne nouvelle ; mais certains responsables humanitaires ont rappelé que des catastrophes d'une même ampleur – moins spectaculaires – existent dans l'indifférence générale. Avons-nous été particulièrement touchés parce que de nombreux touristes originaires de pays dits riches étaient impliqués dans la catastrophe ? Ce serait une générosité bien égoïste qui, du coup, annulerait l'idée même de générosité.

Avec ce tsunami, je crois que le réflexe de tous a été de faire front ensemble à un mauvais coup de la nature. C'est l'humanité tout entière qui était agressée et qui a réagi. Pour une fois, l'image du malheur des autres a été ressentie comme un malheur personnel, elle a provoqué un sursaut de solidarité.

Totalitarisme

« Le fait que le régime totalitaire, malgré l'existence de ses crimes, s'appuie sur les masses, est profondément troublant. »
Hannah Arendt

Les définitions du totalitarisme sont multiples, mais elles contiennent toutes l'idée qu'il s'agit d'un régime politique prétendant pouvoir répondre à tout, en prenant totalement en charge la vie humaine. C'est la terreur !

En effet, l'essence d'un régime ou d'une organisation totalitaire est sa prétention, ou du moins son intention, de faire face à l'ensemble des problèmes que pose la vie d'un groupe. Ici, l'introduction du mot « ensemble » n'est pas innocente. Elle oriente la réflexion vers le paradoxe si bien décrit par Bertrand Russell à propos de l'ensemble de « tous les ensembles ». Il semblait évident pour ceux qui ont élaboré cette théorie que ces collections d'objets pouvaient être rassemblées, à la façon des poupées russes, dans des ensembles de plus en plus grands, de plus en plus englobants, jusqu'à ce que l'on parvienne à celui qui les contient tous, la poupée russe ultime. Or cette poupée ne peut être définie, car elle devrait se contenir elle-même.

219

Chaque référence à un tout est donc logiquement fautive. Ce détour par le raisonnement mathématique n'est pas inutile : définir par exemple l'univers comme la totalité des objets existant est autocontradictoire, car les frontières de cet univers ne pourraient être définies. Que dire alors d'une organisation humaine qui prétendrait avoir réponse à tout !

La raison profonde du totalitarisme, c'est la faiblesse de la pensée, l'ignorance, la peur ?

Accepter de faire soi-même partie d'un ensemble sans limites définies n'est guère confortable, en effet. Nous avons besoin de préciser le domaine au sein duquel nous évoluons. Par paresse intellectuelle, nous décrivons ce que nous sommes en faisant référence à des catégories. Nous admettons que celles-ci ont des définitions rigoureuses : cela nous rassure en permettant un regard clair sur notre propre existence. Profond est en nous le désir viscéral d'être inséré dans un ensemble. Le plaisir est grand de marcher au pas, en cadence, avec des milliers de semblables. Cela nous permet de ne pas laisser se développer l'interrogation : où nous conduit cette marche ? Car ce regard est clair dans la mesure où il est myope. Il ne porte que sur ce qui est proche, dans le temps comme dans l'espace.

Pourquoi la culture occidentale – humaniste ! – a-t-elle échoué au XXe siècle face à la barbarie totalitaire ?

Si les peuples pourtant imbibés de culture humaniste, comme les peuples allemand ou italien, ont cherché leur avenir dans une aventure totalitaire, c'est que cette tentation peut, hélas, se manifester chez tous les peuples. La leçon de ce fourvoiement dans la recherche d'une solution globale mérite d'être tirée.

Hannah Arendt situe l'origine du totalitarisme, ce fléau absolu de notre temps, dans cette tendance des sociétés contemporaines à « rendre les êtres humains superflus en tant qu'êtres humains », ce qu'elle appelle la « désolation ». Les êtres humains ne sont plus que des consommateurs écervelés, donc manipulables à volonté.

Force est de constater que la société occidentale actuelle s'intéresse plus aux individus qu'aux personnes. Elle prépare donc un totalitarisme larvé dont les maîtres n'auront pas de visage. L'emprise de certaines marques internationales sur l'habillement des adolescents est un exemple de cette prise de pouvoir facilitée par les médias. C'est se déconsidérer auprès de ses camarades que de ne pas porter des chaussures xx ou des parkas yy vues à la télé. Cette façon de suivre la mode est devenue la soumission obligatoire à un conformisme tentaculaire.

La condition de l'homme moderne est en ce sens décadente parce que triviale. La chanson, le sport sont devenus des phénomènes totalitaires qui emprisonnent la vie humaine, qui la désertifient, parce qu'ils l'uniformisent. De nombreux talents resteront dans l'ombre faute d'être formatés, faute d'être rentables !

Il est clair que ce conformisme aboutit à un enfermement dans le prêt-à-penser. Le slogan « Pas de mur

entre les peuples, pas de peuples entre les murs»
prend tout son sens dans la vie quotidienne, y
compris bien sûr pour la musique ou pour le sport.
Les initiatives individuelles, nécessaires au maintien
de la diversité, sont étouffées, laminées, par le rouleau
compresseur des médias qui décident souverainement
de la diffusion des nouveautés. L'homme dit «de
masse» est comme aveuglé, fasciné, anesthésié. C'est
toute la force de la propagande totalitaire.

Notre nature nous rend vulnérables face aux
images qui bougent. Il nous est difficile de ne pas
rester fascinés devant des couleurs et des formes en
mouvement. Les télévisions en profitent pour faire
pénétrer en nous des opinions, des goûts, des pulsions qui ne sont même pas formulés mais auxquels
nous adhérons sans en avoir pleine conscience. Le
domaine où nous sommes vraiment responsables de
nos opinions, de nos goûts, de nos pulsions est réduit
aux quelques plantes de notre jardin secret.

*Peu à peu, l'indifférence, le désintéressement, le
repli sur soi vont permettre à l'État de tout contrôler.
Les régimes totalitaires créent les conditions dans lesquelles on peut même devenir agent du mal : la déla-
tion, par exemple, ou la pulsion éliminatoire sont
encouragées.*

Oui, vous avez raison de vous interroger non seulement sur ce qu'est le totalitarisme, mais aussi sur le
processus qui lui permet de s'installer dans une
société et de s'y maintenir. Dans la phase initiale ce
totalitarisme provoque, dans de nombreux domaines,
une amélioration. En apportant un surplus d'ordre, il

rassure tous ceux qui s'effraient devant les manifestations du désordre; il bénéficie alors de l'adhésion
d'un grand nombre. De nombreux citoyens constatent qu'un peu de dictature est un «moindre mal»;
ils sont prêts à participer à sa mise en place, et même
à se compromettre avec elle, jusqu'au jour où ils
constatent qu'ils sont prisonniers de leur engagement.
Ce mécanisme diabolique a été remarquablement
décrit à propos du nazisme par Kressmann Taylor
dans *Inconnu à cette adresse* et à propos de tous les
fascismes par Franck Pavloff dans *Matin brun.*

*Les peuples peu à peu sont détruits, il ne reste plus
que des masses, voire des meutes!*

Oui, ce mécanisme est semblable à l'entrée dans la
soumission à la drogue; les premières doses ne provoquent que des sensations agréables. Il est d'autant
plus nécessaire de dénoncer ce danger qu'il est sournois et échappe en effet à la grande masse des
citoyens. N'est-ce pas le rôle, difficile, de ceux qui se
disent intellectuels? Il leur revient d'être des veilleurs
prompts à s'inquiéter de tout début de manifestation
du totalitarisme, et des éveilleurs capables d'alerter
efficacement la multitude.

*Le totalitarisme est donc avant tout l'absence de
pensée qui entraîne forcément la destruction du lien
social.*

C'est la suppression de la confiance nécessaire à
toute société humaine. L'humanité n'est pas seulement l'ensemble des individus appartenant à l'espèce

Homo sapiens, elle est – pardonnez-moi de le dire une fois de plus – l'ensemble des liens que ces individus ont tissés tout au long de leur histoire. Cette histoire leur a permis de développer la compréhension du monde qui les entoure, de dépasser la vision que leur apportent les sens, de porter sur eux-mêmes un regard conscient, de s'attribuer une finalité. Toute société humaine est un réseau de rencontres. Celles-ci ne sont fécondes que si elles se déroulent dans un rapport de confiance. Un ordre totalitaire supprime cette confiance en généralisant la suspicion.

Le danger, c'est la déshumanisation. Les régimes totalitaires privent l'homme de lien social et, par là même, le dépossèdent de son besoin de penser et d'agir librement. C'est en fin de compte la négation du politique. La réhabilitation du politique pourrait nous sauver de cette déshumanisation.

Il n'est pas excessif de discerner les premiers symptômes d'un totalitarisme rampant dans la généralisation de la lutte des humains les uns contre les autres, que j'ai maintes fois dénoncée dans les chapitres précédents. Cette compétition, en effet, présente à chaque instant dans les collectivités d'aujourd'hui, oriente vers l'acceptation d'une société non plus en réseau mais pyramidale, sur le modèle de l'armée où chacun est affecté à une place, obéit à son supérieur, commande à ses subordonnés, et où personne n'est libre. Réhabiliter le politique, c'est constater qu'il peut être le contrepoison face à la tentation de l'ordre.

Universalité

« *L'universel est le lieu des pensées.* »
Alain

« *Universel* », *qui s'applique à tout l'univers.*

J'aimerais d'abord évoquer les pièges de ce mot. La définition courante est la suivante : « L'univers est la totalité de ce qui existe. » Mais on se heurte aussitôt à deux contradictions. La première vient des physiciens, qui constatent que cet univers se contient lui-même et ne peut avoir ni bords ni frontières car celles-ci sépareraient ce qui lui appartient de ce qui ne lui appartient pas, or tout lui appartient. La seconde vient des logiciens qui, à la suite de Bertrand Russell, ont montré que l'ensemble de tous les ensembles ne peut être défini. Pour éviter ces impasses, force est de définir d'entrée de jeu « l'univers du discours » auquel on s'intéresse. Malgré l'opposition des termes, il faut donc préciser les frontières de l'univers évoqué, qui ne peut être qu'un morceau d'univers.

En philosophie, l'universalité désigne en général « une idée ou une valeur supérieure, traitées comme un type idéal (le bien, le beau) ou une perspective susceptible d'orienter l'humanité dans son ensemble (la paix, la justice)[1]*». Des rationalistes, comme Kant, insistent sur l'universalité du genre humain, sur l'unité de l'humanité : l'homme est considéré avant tout comme un représentant du genre humain dans son ensemble.*

L'univers de Kant est ici la planète; l'universalité de l'humanité est alors synonyme de son unité en tant qu'espèce, ce qui ne me semble nullement abstrait. Elle résulte d'un événement bien concret, l'origine unique de l'ensemble des humains à partir d'une bifurcation de l'évolution au sein de l'ensemble des primates. Mais cette unité ne peut être définie qu'en précisant les caractéristiques prises en considération; on peut constater une unité, donc une universalité de l'ensemble des mammifères, et même, si l'on se base sur le code génétique, une unité de l'ensemble de tous les êtres vivants de la planète.

L'univers de Kant est bien la planète. Dans un texte célèbre, il évoque le « droit qu'a tout homme de se proposer comme membre de la société, en vertu du droit de commune possession de la surface de la Terre[2]*». C'est ce qu'on appelle une vision universaliste. Le problème, c'est que l'universalisme proclamé cache parfois une forme de domination : on a par*

1. In *Pratique de la philosophie de A à Z*, Hatier.
2. Emmanuel Kant, *Projet de paix perpétuelle*, 1795.

exemple qualifié d'« universel » un suffrage qui n'était d'abord que masculin !

Votre exemple met en évidence la tromperie qu'introduit le concept d'univers. Il y en aurait beaucoup d'autres : sous le masque de l'universel, le colonialisme a opprimé des peuples et des cultures.

Nous avons déjà évoqué dans un autre entretien (cf. « Humain ») l'ethnocentrisme occidental.

Si l'universalisme est l'hégémonie d'un sexe ou d'une civilisation, cela contredit bien sûr le principe d'humanité. En fait, chaque civilisation comporte une part d'universel : mais c'est avant tout ce qui est commun aux diverses cultures qui pourrait être regardé comme universel.

Pour le moment, il semblerait que ce noyau commun n'ait pas vraiment été trouvé.

La recherche de ce noyau commun aboutit peut-être aujourd'hui à un ensemble vide. Mais comme il faudra bien vivre avec les autres, sur cette petite planète, il apparaîtra bientôt nécessaire de construire ce noyau commun. Cela peut être tenté par coercition, comme l'ont essayé autrefois les Romains pour leur univers méditerranéen, ou comme le prétendent aujourd'hui les États-Unis pour toute la planète. Cela peut aussi résulter d'une lente convergence partielle de toutes les cultures se mettant d'accord sur les valeurs essentielles.

NOUVELLE PETITE PHILOSOPHIE

De la même façon qu'il faut se méfier d'un universalisme dominateur, il faut peut-être aussi se méfier de ce qu'on pourrait bien appeler le « faux » universel : manger pareil, s'habiller pareil, penser pareil, etc., ce qui serait en fait la victoire d'un conformisme planétaire.

Il ne s'agit pas en effet d'uniformiser, mais de construire ce noyau commun compatible avec les richesses accumulées par tous les peuples.

Un modèle unique entraînerait une mutilation de l'homme. Mais est-on à l'abri de cette catastrophe ? L'occidentalisation des valeurs pose problème : ce modèle pourrait détruire les richesses culturelles que vous évoquiez, il est forcément réducteur puisqu'il s'agit de l'hégémonie d'une civilisation.

Je ne vois en effet pas pourquoi l'Occident aurait à jouer un rôle premier dans cette construction : son passé est trop lourd – guerres de religion, esclavage, exploitation irréfléchie des richesses de la Terre. Il donne dans trop de domaines le plus mauvais exemple. Les choix économiques faits depuis un ou deux siècles par l'Occident sont trop souvent le parfait exemple de ce qu'il ne faut pas faire. La définition de valeurs « universelles » nécessitera une attitude d'humilité et non pas d'arrogance des cultures occidentales.

L'universalité ne doit pas s'opposer à la diversité culturelle, à la diversité des langues, par exemple.

L'exemple de la diversité des langues est particulièrement éclairant. Les rencontres nécessitent un langage commun. Ce langage partagé doit être mis en place non pas en généralisant une des langues usuelles, ce qui donne un avantage considérable à ceux qui la parlent, mais en imaginant une langue nouvelle qui, n'étant pas le fruit d'une histoire, pourra être simple et d'accès facile. Il serait judicieux de ne pas rendre pratiquement obligatoire l'usage de l'anglais et de donner sa chance à l'esperanto qui a été conçu dans ce but.

Je ne partage pas ce point de vue. Une langue qui n'a pas d'histoire, une langue simple, ne serait pas véritablement une langue. La langue, c'est la pensée. Mais je suis d'accord pour dénoncer la suprématie de l'anglais. Revenons à la diversité culturelle en général : on parle aujourd'hui de « multiculturalisme » ou même de « transculturalisme ». Mais la Déclaration universelle *des droits de l'homme a été élaborée par les pays occidentaux.*

Les aléas de l'histoire ont fait que la Déclaration universelle a été proposée par l'Occident. Peut-être serait-il opportun de la rédiger à nouveau en tenant compte de réflexions proposées par d'autres cultures ? Il ne s'agirait pas de faire un pot-pourri multiculturel, mais de dégager une pépite d'or dans le magma de toutes les interrogations, de toutes les réponses aujourd'hui en état de se rencontrer. Il se trouve qu'il existe une activité intellectuelle par nature universelle, la science. Elle pourrait apporter les éléments de lucidité, permettant de premières étapes.

En démontrant par exemple que certains particularismes culturels ne sont pas acceptables, que certaines spécificités dites culturelles sont en fait une négation de l'humanité de l'homme : je pense aux mutilations sexuelles, aux lapidations de femmes adultères, etc.

Ces premières étapes s'efforceraient en effet de mettre en évidence ce qu'il faut faire pour réaliser une humanité digne d'elle-même, mais surtout ce qu'il ne faut pas faire. Quand les particularismes, par exemple l'excision, appartiennent à ce domaine de « ne pas faire », il serait absurde de les préserver au nom de la diversité.

Identifier un peuple à une ethnie ou à une religion, ce serait tomber dans un autre piège qui est le relativisme.

Oui, relativisme qui dissout l'idée de « culture humaine ». À chacun ses valeurs, certes, à chaque peuple, à chaque ethnie, mais aussi, à tous, le noyau des valeurs communes. C'est ce noyau qui concrétise l'unité humaine. C'est en acceptant ces valeurs communes que l'on affirme son appartenance non seulement à l'espèce biologique *Homo sapiens*, mais à la personne collective qu'est l'humanité.

Il faut donc absolument éviter le communautarisme, c'est-à-dire le repli identitaire ?

Une fois le noyau de valeurs communes défini et accepté, les communautarismes ou autres particularismes ne sont précisément plus considérés comme sources de désagrégation de la société terrienne, mais comme des apports bénéfiques de diversité.

Le noyau de valeurs communes que vous évoquez, la pépite d'or, pour reprendre cette belle expression, ce pourrait être tout simplement le respect qu'on doit à tout être humain, à chaque être humain.

Le respect, bien sûr, qui n'est pas une valeur relative, mais une valeur universelle. Il existe des droits inaliénables et sacrés de chaque être humain. L'universel est en ce sens ce qui relie les hommes spirituellement, d'intelligence à intelligence. Il s'agit d'une communauté internationale de valeurs. Il n'est pas question de nier l'appartenance religieuse, culturelle, nationale, mais de la dépasser. C'est la priorité absolue accordée à l'humain. Au-delà de la diversité des coutumes, il doit exister des valeurs communes à portée universelle orientant l'humanité dans son ensemble.

Oui, mais qui décide? Qui édicte ces principes suprêmes? Comment les fait-on appliquer?

À la question « Qui décide? » les démocraties répondent « le peuple », quelle que soit la nature de la décision. C'est vite dit, mais le vrai problème est de définir les procédures permettant à ce peuple de s'exprimer et surtout, avant de s'exprimer, de réfléchir aussi largement que possible au problème posé.

Hitler a été élu par le peuple.

C'est pourquoi le peuple doit être en mesure de réfléchir véritablement. L'exemple de la peine de mort est également révélateur de la nécessité d'une longue maturation de l'opinion publique. Sa durée, dans un tel cas, se mesure plus en nombre de générations qu'en années. Il en sera de même pour les problèmes posés par les nouvelles possibilités de manipulations apportées par la génétique. Ces procédures devront donc donner une place importante à l'enseignement.

Admettre que chaque civilisation comporte une part d'universel exige des efforts intellectuels. On pourrait dire que le sens humain s'apprend.

Il s'apprend, et c'est à l'école qu'il faut commencer à réfléchir à ce qu'est la vie, l'individu, la personne. Autrement dit, il faut avoir lu nos deux livres pour être un citoyen conscient !

La citoyenneté universelle est destinée à prendre le dessus sur la citoyenneté nationale, car l'homme est considéré avant tout comme un représentant du genre humain dans son ensemble. C'est ce que Kant appelait le « cosmopolitisme ».

Les techniques d'aujourd'hui fournissent une métaphore de la pensée de Kant sous la forme des hologrammes. Chaque portion de ceux-ci contient une information permettant de reconstituer l'objet global. Il n'est pas possible d'en isoler un fragment sans avoir un regard sur l'ensemble. De la même façon, pour décrire un humain, il faut se référer à toute l'humanité.

Pour que le cosmopolitisme ne reste pas un vœu pieux, Kant évoquait l'idée d'une Société des Nations soumise à une législation internationale.

Des pas importants ont été faits dans cette direction. Le premier a justement été la Société des Nations souhaitée par le président américain Wilson en 1919, mais condamnée à l'impuissance par le Congrès des États-Unis qui a refusé d'y participer. Elle a disparu en 1939. Lors de la paix retrouvée en 1945, elle a été remplacée par l'Organisation des nations unies, mais les puissances dominantes sont tentées, je crois l'avoir déjà dit, d'en faire un outil entre leurs mains, et non un organisme de dialogue entre les peuples. Le président Bush faisant cavalier seul au printemps 2003 est le parfait exemple de ce qu'il ne faudrait jamais faire.

Kant, lui, ne préconisait ni la fusion, ni la dilution des cultures, ni même l'abolition des frontières, mais une libre association des nations. Mais s'il n'est pas question pour une nation d'abandonner ses traditions, peut-elle pour autant conserver dans tous les domaines la souveraineté politique ? Est-ce que certains aspects de la vie humaine n'iraient pas mieux avec un gouvernement mondial ?

La mondialisation réalisée par les avancées techniques devra avoir pour conséquence l'adoption de procédures permettant une gouvernance mondiale.

Il faudrait sortir de la démocratie des États-nations pour aller vers une démocratie des droits de l'homme à l'échelle universelle.

Ne nous leurrons pas, en effet, la prise de décision au niveau planétaire implique bien un recul du rôle des États, donc un rétrécissement du domaine où s'exerce leur souveraineté. Même les problèmes concernant les frontières géographiques devront trouver des solutions imposées par l'ensemble de l'humanité. Ce n'est ni à Sharon, ni à Abbas, même s'ils ont été élus démocratiquement, de tracer la carte de leurs deux États. Se mettraient-ils d'accord que la décision finale ne dépendrait pas que d'eux seuls. C'est aux peuples de toute la planète de rappeler que la Terre, qu'elle leur ait été promise ou non, appartient à tous les hommes, y compris ceux de demain.

Les difficultés qui s'accumulent dans le monde d'aujourd'hui ne sont-elles pas en train de compromettre le progrès de cette vision universaliste?

Nous vivons, il est vrai, une période de confusion. C'est le moment de rappeler la phrase de Jean Giraudoux, qui affirmait, face aux pires désordres : «Cela s'appelle l'aurore.»

L'aurore, une métaphore chère à Nietzsche également.

Cette aurore, les pessimistes l'imaginent débouchant immanquablement sur des catastrophes.

Et l'optimiste que vous êtes?

L'optimiste que je suis en attend la solution de tous les problèmes. Il nous faut être des volontaires conscients que demain dépend de nous.

Violence

> *« Tout ce qui promeut le développement*
> *culturel œuvre du même coup*
> *contre la guerre. »*
> Sigmund Freud

Diriez-vous pour commencer qu'il y a deux erreurs à ne pas commettre : ignorer la violence, car c'est faire injure aux victimes, et exploiter la violence, car c'est manipuler l'opinion ?

Pour commencer, j'aimerais surtout noter que l'existence de la violence dans une société est le signe d'une erreur fondamentale dans la gestion des rapports entre les personnes. Aborde-t-on ces rapports dans un esprit de lutte ou dans une attitude d'ouverture ? Il faut, d'entrée de jeu, rappeler que la caractéristique première des humains est leur capacité à se construire grâce aux rencontres. Devenir une « personne humaine » – soyons conscients de commettre là un pléonasme, il n'y a de personnes qu'humaines – nécessite d'être plongés dans une communauté humaine. Faire de cette insertion une occasion de conflit, c'est nier à sa source la possibilité de dérouler l'aventure unique de notre espèce.

237

Vous voulez dire une occasion de violence, car le conflit, lui, est inévitable.

Oui, c'est la violence qui est une véritable monstruosité. Et ne pas la reconnaître lorsqu'elle se manifeste serait lui permettre de se développer. Il faut donc la dénoncer, mais en étant conscient là aussi de deux erreurs possibles : soit la décrire sous des traits qui finalement la glorifient et peuvent donner à des esprits faibles le désir de s'y plonger – je vise ici tout le folklore guerrier –, soit la diaboliser et développer la peur chez ceux qui recherchent avant tout un arsenal répressif introduisant dans la société cette violence souterraine qu'est la prévention de la délinquance.

Les manifestations de la violence sont très nombreuses, visibles ou cachées, car la violence ce n'est pas seulement le crime, la guerre, mais aussi le chantage, le harcèlement moral, l'exclusion, etc.

Il y a violence dès qu'il y a tentative de domination d'une personne sur une autre, dès que s'instaure le recours à la force pour résoudre les inévitables différends. La violence trouve sa source dans l'attitude intérieure que nous adoptons lorsqu'un tel différend se manifeste; si notre objectif est de l'emporter sur l'autre et non de rechercher avec l'autre une position commune, la violence s'introduit.

La violence pourrait alors être définie comme ce qui menace l'intégrité physique ou psychique de la personne, comme ce qui en fait porte atteinte à sa dignité.

238

On peut en effet, comme vous le faites, définir la violence par ses conséquences sur celui qui en est victime. On peut aussi la définir par ses effets sur celui qui en est l'auteur. Celui-ci, par son comportement, rend impossible la réalisation d'un lien avec son interlocuteur, il s'isole, il se dissocie de la communauté. Il n'est plus que lui au lieu de bénéficier de son insertion dans un tissu humain. Il est essentiel d'évoquer non seulement le tort fait à la victime, mais aussi celui, inconscient, que le violent se fait à lui-même.

Il y a ceux qui pensent que l'agressivité est dans la nature de l'homme, que la violence est en quelque sorte instinctive. Ce qu'on appelle les pulsions de mort.

L'idée de « nature » de l'homme est bien floue. Ce que la nature nous a apporté, c'est l'ensemble des informations contenues dans notre dotation génétique, c'est-à-dire l'ensemble des recettes de fabrication des divers constituants de notre organisme. Notre comportement est certes influencé par cette dotation, mais il n'est pas dicté par elle. Les instincts qui lui sont directement liés, manger, s'accoupler, sont peu nombreux.

Et il y a ceux – dont vous êtes, si j'ai bien compris – qui considèrent que la violence résulte de la vie en société, c'est-à-dire qu'elle est avant tout sociale, intersubjective.

Oui, car nous sommes en permanence sous le contrôle de notre propre regard et du regard des autres. Aucun acte ne peut être accompli sans une influence décisive de tout ce que notre environnement nous a appris. La nature n'impose donc aucune nécessité dans nos comportements. Ne nous retranchons pas derrière elle pour les justifier. Pour quelle raison la violence serait-elle nécessaire ?

Hegel parle de la lutte pour la reconnaissance...

Ce besoin d'exister dans l'esprit des autres est une conséquence directe du processus de réalisation des personnes, processus qui se nourrit des rencontres. Je ne peux devenir moi que dans un rapport de réciprocité.

Cette réciprocité, tout le monde le sait, cet équilibre, est difficile à trouver. Souvent la violence s'installe, la haine par exemple.

L'indifférence est pire que la haine. C'est moins le contenu de l'opinion des autres sur moi qui importe que la certitude de l'existence de cette opinion. Les hommes ne désirent pas seulement le bien-être matériel, ils veulent que les autres respectent leur dignité. Le fameux « Et moi ? » ne concerne pas seulement le partage des biens matériels, mais surtout les échanges de regards.

N'y a-t-il tout de même pas une violence qu'on pourrait dire légitime, des causes qu'on pourrait dire « justes » ? Certaines révoltes, on le sait, ont engendré la liberté : ne s'agit-il pas là d'une révolte constructive ?

La seule justification d'une attitude violente est d'avoir pour objectif la suppression d'une source de violence. Lutter contre la violence avec les armes de la violence n'est pas seulement un droit, mais un devoir. C'est du moins ce qu'affirme le trente-troisième article de la Constitution de l'an I (1793) : « La résistance à l'oppression est la conséquence des autres droits de l'homme. » Ses rédacteurs étaient conscients de l'écueil où conduit l'interrogation : « Doit-on respecter le droit à la liberté des ennemis de la liberté ? »

Il faut être simultanément conscient des dérapages possibles. Les Inquisiteurs étaient persuadés d'agir pour la plus grande gloire de Dieu, de même que les prêtres catholiques hutus qui ont participé au génocide des Tutsis devaient prétendre qu'ils agissaient pour le bien de l'humanité. Il faut donc être vigilants devant de telles attitudes paradoxales, notamment lorsque les religions s'en mêlent. Méfions-nous des chefs d'État qui mettent Dieu dans leur camp.

Il faut certes être conscient de ces dérapages, mais comment aurait-on pu venir à bout de la violence nazie autrement que par la guerre, autrement que par la résistance ? Quand la barbarie est trop grande, la réaction « violente » atteint une certaine légitimité.

La seule légitimité de la violence, comme je l'ai dit plus haut, c'est la suppression de la source de violence, la lutte contre la violence.

Restons un instant sur le génocide juif. La violence nazie est une violence organisée, préméditée, la rationalisation du mal en quelque sorte. Alain Finkielkraut

241

résume bien la situation : « Les nazis n'étaient pas des brutes, mais des théoriciens. » C'est ce que vous disiez plus haut, la violence n'est ni instinctive ni naturelle. Elle est inventée par l'homme.

Non seulement les nazis n'étaient pas des brutes, mais le peuple allemand dans son ensemble, qui a massivement adhéré à ce parti, était sans doute le peuple le plus éduqué. Qu'il ait pu s'enfoncer dans cette impasse de l'horreur avec enthousiasme reste incompréhensible. Cela montre que la raison seule ne peut suffire à orienter une communauté, il faut avant tout définir un objectif collectif.

Dans des circonstances difficiles, telles que le marasme économique allemand des années 1930 ou le sentiment actuel des Américains d'être soudainement attaqués par des terroristes, le réflexe immédiat est de désigner un ennemi cause de tous les maux. C'est alors qu'est particulièrement nécessaire la voix de ceux qui appellent à la non-violence.

Mais encore faudrait-il qu'il puisse exister un pouvoir sans violence ! C'est ce qu'a imaginé Rousseau dans Le Contrat social. *Et c'est également ce qu'on appelle la démocratie. Mais la démocratie ne tient pas toujours ses promesses !*

La démocratie n'a pas encore fait la preuve qu'elle peut tenir ses promesses, mais elle est si jeune ! Ce n'est pas en années mais en millénaires qu'il faut mesurer l'âge des peuples. Au mieux, l'humanité aborde l'adolescence. Les manifestations de violence, qu'elles soient ouvertes ou sournoises, sont l'équivalent d'une poussée d'acné juvénile. Laissons-lui le temps de faire ses preuves.

Il n'y a pas, vous venez de le dire, que les formes visibles de la violence, il y a aussi toutes ces formes cachées, difficiles à identifier, mais dont on peut mesurer les effets : suicide, drogue, dépression, absentéisme, etc. Cette violence « invisible » fait beaucoup de dégâts. Ce qu'on appelle le harcèlement moral, au travail par exemple, est devenu un vrai phénomène de société. L'humiliation qui l'accompagne nécessairement est d'une violence inouïe !

Tout comportement qui provoque de la souffrance peut être qualifié de violent. L'une des souffrances les plus insupportables est en effet le sentiment d'une humiliation. Le provoquer est une des violences les plus inacceptables. En amont du choix entre violence et non-violence, il y a donc bien le choix entre le mépris et le respect.

Il faudrait envisager des « réponses » à la violence afin d'y remédier, ou du moins de la canaliser.

Le cœur du problème est qu'il ne peut y avoir de réponse à la violence. Elle se situe en dehors des rapports acceptables entre personnes humaines. Elle est à proprement parler « inhumaine ». Inventée par les hommes mais indigne des hommes. Lui répondre, quelle que soit cette réponse, c'est donner la victoire à celui qui l'emploie. Il faut donc la considérer comme « nulle et non avenue », comme disent les juristes. Ce coup, cette injure qui m'ont fait mal, je dois faire comme s'ils n'étaient pas advenus. Ils sont hors de mon domaine de perception.

Je ne vais tout de même pas tendre l'autre joue?

C'est pourtant sans doute le sens de la parabole prescrivant de tendre l'autre joue.

Il faut par conséquent avant tout développer la conscience morale, par la réflexion, le dialogue. « La parole, la discussion, la rationalité sont une entreprise de réduction de la violence », disait Paul Ricœur.

Oui, supporter la violence en faisant comme si on l'ignorait n'est pas naturel, mais aucun comportement intelligent, conscient, n'est naturel. L'une des tâches de l'éducation est d'apprendre à chacun à détecter en soi les réactions violentes et à lutter aussitôt pour les éliminer. Il faut que la pulsion violente engendre un sentiment de honte. Cela peut s'apprendre à l'école. La civilisation doit tout mettre en œuvre pour limiter la violence, pour en réduire les manifestations. Il ne faut pas se résigner à la violence. Il ne faut surtout pas être optimiste en imaginant qu'un jour tout ira pour le mieux et qu'il suffit d'attendre. Mais il ne faut pas non plus être pessimiste en admettant qu'il n'y a rien à faire et que l'humanité est définitivement mauvaise. Une fois de plus, et comme je l'ai dit à plusieurs reprises dans cet ouvrage, il faut être volontariste, en comprenant que la société humaine de demain est le résultat de nos actes d'aujourd'hui.

Je vous remercie, très sincèrement, d'avoir dialogué avec moi. À votre contact on apprend beaucoup, l'humilité, la liberté, la volonté; et surtout le respect de tout être humain.

Index des noms

247

Table

Ce volume a été composé
par Nord Compo
et achevé d'imprimer en septembre 2005
*par **Bussière***
à Saint-Amand-Montrond (Cher)
pour le compte des Éditions Stock
31, rue de Fleurus, 75006 Paris

Imprimé en France
Dépôt légal : septembre 2005.
N° d'édition : 64503. – N° d'impression : 053356/4.
54-07-5806-02/2
ISBN : 2-234-05806-6